陳大齊著

因明入正理論悟他門淺釋

中華書局印行

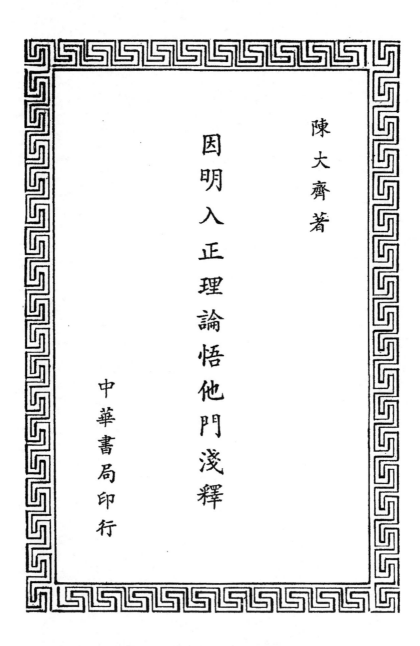

序

本書原屬一部講義，約莫寫於九年或十年以前。當時在國立政治大學研究所任課，與同學們研究孔子思想與孟子思想。同學們對於研究方法，極爲注意。有人且於既經習得的理則學知識以外，希望知道些因明的義理，以供參考。爲了滿足此一部分同學的此一希望，乃開設因明一課。因明的中國譯本，計有二種：一爲陳那的因明正理門論，簡稱門論；二爲天主的因明入正理論，簡稱入論。二書的內容，大體相同，而入論較爲精簡，故取以爲教本。入論言簡義賅，初學者頗不易領悟，有詳加解釋的必要。說理之書，在解釋時，措辭必須精細，不可粗率。一涉粗率，甚易引致誤解。故講解必須經過周密的考慮，始可騰諸口說。在課室內隨想隨講，考慮時間短促，措辭易趨粗率，難期精細。故在上課之前，預編講義，以備在課室內隨讀隨講，藉以減少粗率毛的病。本書所作的解釋，大抵取材於窺基所作的因明入正理論疏，間亦酌加己意。

入論的內容，攝有悟他與自悟二門。悟他，意卽開悟他人，令其認識正理。自悟，意卽自己了悟，以獲致正智。悟他們論述甚詳，自悟門則論述甚略，兩者所佔篇幅，相去甚遠，令人猜測，入論所重，似在悟他。悟他門相當於西方的傳統理則學，以研討推理的正誤爲重心，其所建立的程式與規律，爲各學派所當共同遵守，不是佛家所獨有的辯論標準。自悟門相當於西方所說的知識論，發抒佛家有關知識問題的獨特理論，不一定爲他家所宗奉。當時開講因明的目的，原在於闡述推理與辯論所當共守的準則，不在於研究佛家的哲學思想，且作者對於佛家哲學，素乏研究，不勝講解之任，故僅就悟他們加以淺顯的解釋，對於自悟門，未置一辭。入論所認爲自悟途徑的，只有現量與比量，而比量所應遵守的規律，與悟他門中能立所應遵守的，完全一致。解釋了悟他門的能立，等於亦已解釋了自悟門的比量。故本書所遺而未講及的，實只現量一端。本書所未講及的，雖僅少數內容，但究未囊括全論，故只可稱爲因明入正理論悟他門淺釋，俾符實際。

本書寫成以後，久經置於廢稿之中，未作問世的打算。前年馬來西亞僑胞所發行的無盡燈季刊函索有關因明的文字，因年老神衰，不克另行撰述，乃於廢稿中檢出此篇，寄去塞責。近來國內研究佛學的朋友，亦多關心因明，慫恿出版，以供衆覽。遂不揣謭陋，商請中華書局印行。原稿只編至似能立，其眞能破與似能破二義，未經註釋。眞能立與似能立講明以後，能破二義甚易推知，故入論於此二義，講述亦甚簡略。但遺而不釋，究不免有殘缺不全之憾，乃費旬餘之力，爲之補足。

中華民國五十九年陳大齊識於臺北寓所，時年八十有四。

因明入正理論原文

喻有二種：一者同法，二者異法。同法者，若於是處顯因同品決定有性，謂若所作，見彼無常，譬如瓶等。異法者，若於是處，說所立無，因徧非有，謂若是常，見非所作，如虛空等。此中常言，表非無常，非所作言，表無所作。如有非有，說名非有。……八八

已說宗等如是多言，開悟他時，說名能立。如說聲無常，是立宗言。所作性故者，是宗法言。若是所作，見彼無常，如瓶等者，是隨同品言。若是其常，見非所作，如虛空者，是遠離言。唯此三分說名能立。……一一五

雖樂成立，由與現量等相違故，名似立宗：現量相違，比量相違，自教相違，世間相違，自語相違，能別不極成，所別不極成，俱不極成，相符極成。此中現量相違者，如說聲非所聞。……一一六

比量相違者，如說瓶等是常。……一一八

自教相違者，如勝論師立聲爲常。……一二〇

世間相違者，如說懷兎非月，有故。又如說言：人頂骨淨，衆生分故，猶如螺貝。……一二二

此中共者，如言聲常，所量性故。常無常品，皆共此因，是故不定。爲如瓶等，所量性故，聲是無常。爲如空等，所量性故，聲是其常。……………… 一三八

言不共者，如說聲常，所聞性故。常無常品，皆離此因。常無常外，餘非有故，是猶預因。此所聞性，其猶何等！……………… 一三九

同品一分轉異品徧轉者，如說聲非勤勇無間所發，無常性故。此中非勤勇無間所發宗，以電空等爲其同品。此無常性於電等有，於空等無。非勤勇無間所發宗，以瓶等爲異品，於彼徧有。此因以電瓶等爲同品，故亦是不定。爲如瓶等，無常性故，彼是勤勇無間所發。爲如電等，無常性故，彼非勤勇無間所發。……………… 一四〇

異品一分轉同品徧轉者，如立宗言聲是勤勇無間所發，無常性故。勤勇無間所發宗，以瓶等爲同品，其無常性，於此徧有。以電空等爲異品，於彼一分電等是有，空等是無。是故如前，亦爲不定。……………… 一四二

俱品一分轉者，如說聲常，無質礙故。此中常宗，以虛空極微等爲同品。無質礙性，於虛空等有，於極微等無。以瓶樂等爲異品。於樂等有，於瓶等無

已說似因，當說似喻。似同法喻有其五種：一能立法不成，二所立法不成，三俱不成，四無合，五倒合。似異法喻亦有五種：一所立不遣，二能立不遣，三俱不遣，四不離，五倒離。……一六一

能立法不成者，無說聲常，無質礙故，諸無質礙見彼是常，猶如極微。然彼極微，所成立法常性是有，能成立法無質礙無，以諸極微質礙性故。……一六二

所立法不成者，謂說如覺。然一切覺，能成立法無質礙有，所成立法常住性無，以一切覺皆無常故。……一六三

俱不成者，復有二種：有及非有。若言如瓶，有俱不成。若說如空，對無空論，無俱不成。……一六三

無合者，謂於是處無有配合，但於瓶等雙現能立所立二法。如言於瓶，見所作性及無常性。……一六四

倒合者，謂應說言，諸所作者皆是無常，而倒說言：諸無常者皆是所作。……一六五

如是名似同法喻品。……一六六

似異法中，所立不遣者，且如有言，諸無常者見彼質礙，譬如極微。由於極

若似因智爲先所起諸似義智，名似比量。似因多種，如先已說。用彼爲因，於似所比諸有智生，不能正解，名似比量。……………………一六九

復次，若正顯示能立過失，說名能破。謂初能立缺減過性，立宗過性，不成因性，不定因性，相違因性，及喻過性。顯示此言開曉問者，故名能破。…一七〇

若不實顯能立過言，名似能破。謂於圓滿能立，顯示缺減性言。於無過宗，有過宗言。於成就因，不成因言。於決定因，不定因言。於不相違因，相違因言。於無過喻，有過喻言。如是言說名似能破，以不能顯他宗過失，彼無過故。……………………一八〇

且止斯事。……………………一八三

已宣少句義，
爲始立方隅。
其間理非理，
妙辨於餘處。……………………一八三

因明入正理論

因明所講求的，概括地說，在於教人如何立正與如何破邪。所謂立正，意卽建立正確的理論，所謂破邪，意卽破除邪僻的言論。立正與破邪，在因明家看來，幾乎是二而一的。正論立，邪說便隨以破除，邪說破，正論便隨以建立。故立正卽所以破邪，破邪卽所以立正，立正之中寓有破邪，破邪之中寓有立正。立正破邪是因明所持的目的，亦是因明所欲發揮的功用。故自其目的與功用言，因明可說是講求立正破邪的學問。因明的主旨在於立正破邪，故與中國的名學及西洋的邏輯，其究竟任務是相同的。因明所講述的內容，其大部分相當於現代所說的傳統形式理則學，其小部分則相當於現代所說的知識論。西洋學者所著的邏輯，除了標明形式邏輯的著作以外，亦有涉及知識論的，甚且全部都在發揮知識論上的理論。其所以如此，正因為理則學與知識論間有着非常密切的關係。因明於形式理則學外，涉及知識論，蓋亦源於此一關係。

欲建立正論，必須把其所以正的道理說出來，欲破除邪說，亦必須把其所以邪的道理說出來。若不能把所以正所以邪的道理說出，而徒從事於立，從事於破，則所立雖確是正的，亦難令人信從，所破雖確是邪的，亦難令人悅服。言論之所以正所以邪，因素甚多，非止一端，這亦是因明家所承認的。不過在因明家看來，言論正邪的主要關鍵在於因。因若適當，此外又沒有別的小疵，其言論必可成立，因若不適當，其言論一定不能成立。因是什麼？大體說來，就是現代所說的理由，至其詳細意義，且俟下文再說。因明特別重視言論的理由，所以提出一個因字來，作爲斯學的稱號。不過雖以因明爲稱號，對於言論所以正所以邪的其他因素，亦莫不論及。

明，是闡明的意思，亦可說是研究的意思。因明是印度古代五明中的一明。其他四明，是內明、聲明、醫方明、工巧明。五明是五大種學問，其稱號內都用有一個明字，可見明字是各種學問稱號所通用，用以表示其爲研究某一對象的。例如醫方明是醫藥的闡明，亦即是研究醫藥的學問，工巧明是工藝的闡明，亦即是研究工藝的學問。故所謂因明者，意卽因的闡明，亦卽是研究因的學問。因，有適當與不適當的分別。因明稱適當的因爲正因，稱不適當的因爲似因。因明的主要任務，在於闡明：具備了怎樣的條件，纔能成爲正因，不致淪爲似因。所以說得詳細一點，因明是研究因的正似的學問。

因明發源很早，據說是尼耶也學派的足目所創。足目的生卒年代不可考，大抵是距今二千三百年乃至二千五百年之間的人。所以印度因明的創始，與中國名學及西洋邏輯的興起是在差不多的年代。因明是研究因的正似的學問，一定要依照因明所揭示的規則，纔能建立自家的學說，纔能破斥敵派的理論。所以因明興起以後，漸爲印度各學派所重視而成爲各學派共同的學問。佛教亦不例外，同樣重視因明，在經論裏時常講到因明的義理。因明在初創之時，當然還很不完備，經過了許多學者的研究，纔逐漸完備起來。佛教的陳那是斯學的一大功臣。他大約是距今一千五百年以前的人，對於當時的因明，作了許多重要的改革，使因明眞能負荷起立正破邪的任務，成爲一種完整的理則學。陳那的改革是劃時代的，所以因明家稱陳那以前的因明爲古因明，稱陳那改革以後的因明爲新因明。

陳那關於因明的著書很多，傳入中國的，有玄奘所翻譯的因明正理門論及義淨所翻譯的集量論。可惜後者已經亡失，現在見不到了。陳那弟子天主，約後於陳那四五十年，根據師說，著因明入正理論，亦經玄奘譯成中文，即是本書所註釋的。此論比諸陳那的因明正理門論，說理更明晰，條理更整齊。所謂因明入正理者，意卽用因明來引導人們進入正理。佛家的著書分爲三種：經、律、論。依照通例，凡非記載釋迦牟尼親說的教義的，都稱爲論。所以陳那與天主著書的名稱，都用有一個論字。中國的因明學者簡稱陳那的因明正理門論爲門論或大論，簡稱天主的因明入正理論爲入論或小論。

門論入論，所用言詞都很簡單，而所涵義理却極豐富，所以僅覓論文，無法了解其中的義理。玄奘是精於因明的，把這二論翻譯以後，曾爲弟子們及對於因明有興趣的人，詳細講解。當時的高僧，爲二論作疏的，據瑞源記所錄，幾有二十家之多，其中入論的疏多於門論的疏。其後又有人爲疏作記的，據瑞源記所錄，其數更多於疏。可惜這些疏記，大都已經亡失。關於入論方面，現猶保存而首尾完整的，只有窺基所撰的因明入正理論疏，通常稱爲大疏。餘如文軌所撰的因明入正理論疏，即所謂莊嚴疏者，本已殘缺，經近人自他書中輯出佚文，與殘卷合併，始成全書。此外現存者，有智周的前記與後記，是大疏的註釋。日本僧鳳潭的瑞源記，可說是大疏的集註，彙集了各家關於大疏的解釋，並且有時亦引用別的疏裏的說法，是一部很有價值的參考書。

窺基的大疏，闡說甚詳，徵引甚博，確是一部好書。欲研究因明，不能不從大疏入手。但大疏亦不是容易讀得懂的，尤其初學因明的人，更是格格難入。大疏說理，固多精審，但亦不無缺陷。本書目的，僅在說明入論的大意，爲讀者的深入研究，供給基礎，所作註釋，以依據大疏爲主，以參考莊嚴疏及瑞源記爲輔，間亦參以己見。

能立與能破及似唯悟他現量與比量及似唯自悟

此論首二十字，叫做頌。論末還有一頌，爲了分別起見，此頌叫做初一頌。此頌向來以每五個字爲一讀，讀作「能立與能破，及似唯悟他，現量與比量，及似唯自悟」。如此讀法，殊難令人理解。今擬改讀爲「能立與能破及似，唯悟他，現量與比量及似，唯自悟」，其義或可較爲明顯。初一頌標擧了因明所欲闡述的項目，亦即揭示了因明所欲研究的範圍。此中所標擧的，計有二悟、八義、四眞四似。第一步分類，分爲二悟，二悟又各分爲四，共得八義。八義之中，有四義是眞的，又有四義是似的。四眞四似即是八義，所以因明所研究的，共有八個項目，現在試依次加以簡單的說明。

二悟　二悟就是頌中所說的悟他與自悟。悟，是了悟的意思，亦是引發正智的意思。他，即是他人。自，即是自己。悟他，即是使他人了悟，亦即是使他人獲致正智。自悟，即是使自己了悟，亦即是使自己獲致正智。每一言論，立論者自身，因明稱之爲自，立論者以外的人，因明稱之爲他。但所謂他者，亦並非泛指立論者自己以外一切的人，只包括敵者與證者。敵，是與立論者兩相對立的人。所謂兩相對立，並不是專指持有相反意見而與立論者對諍的人。凡與立論者所持意見未臻一致的，如對於立論者的主張有所未解或有所懷疑，亦都歸入敵者之列。故所謂敵，其範圍頗廣，既包括與立論者對諍的人，亦包括質疑問難的人，且亦包括於理未明而需立論者爲之解釋的人。證，亦稱證義者。依印度辯論的慣例，立敵對諍的時候，要有第三者來評定他們的是非，判決他們的勝負，好像比賽時的裁判員。此第三者稱爲證義者。故所謂悟他者，即是立論者用言語來啓發敵與證，令他們了悟正理。他字雖亦包括證義者，然其所重，畢竟在敵。故雖謂悟他即是悟敵，亦未嘗不可。

八義　「能立與能破及似，唯悟他」的似字，是似是而非的意思，是不眞不正的意思。「及似」，意謂及其似，指能立與能破之不眞不正者而言。故此句的意義，謂能立，能破，似能立，似能破，是用以悟他的，亦可說：悟他的方法，有能立，有能破，有似能立，有似能破。這四者是悟他的四義。「現量與比量及似，唯自悟」，準上所釋，意謂現量，比量，似現量，似比量，是用以自悟的，亦即自悟的方法，有現量，有比量，有似現量，有似比量。這四者是自悟的四義。悟他的四義與自悟的四義合起來，共爲八義。

四眞四似　悟他的能立與能破，各是眞的，似能與似能破，各是似的。所以悟他所用的方法，是二眞二似。自悟的現量與比量，各是眞的，似現量與似比量，各是似的。所以自悟所用的方法，亦是二眞二似。悟他的二眞二似與自悟的二眞二似合起來，共爲四眞四似。

現在把二悟、八義、四眞四似間的關係，列表如左：

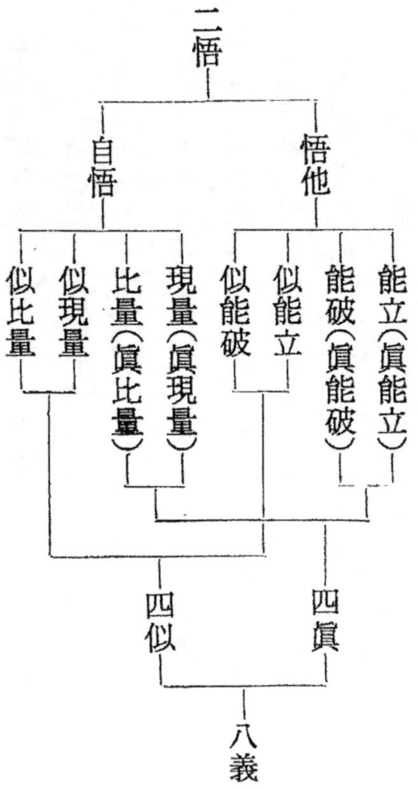

二悟、八義、四眞四似間的關係，已如右表所列，玆就八義的意義加以簡單的詮釋。

（一）能立　立，即是自家有所主張。能立，即是立得住站得穩，別人所推不倒的主張，亦即是理論圓滿，證明確切，在實質與形式雙方都絲毫沒有過失的言論。這樣的言論所表達的，一定是顛撲不破的正理，所以能立即是立正。能立有時亦稱眞能立，那是爲了與似能立分別起見，纔加上一個眞字的。至於怎樣纔能顛撲不破，因明設有許多條件，正是下文所欲詳說的，且俟下文再述。這樣圓滿無過的言論，可令敵者與證者了悟立者主張之確爲正理，所以稱爲悟他。能立一名，在因明中還有另一種意義。此處所釋，是八義中的能立，能字是對似字而言，以明其是眞而非似。

（二）能破　破，即是他人有所主張而我加以破斥。能破，即是我所用以破斥他人主張的言論，確有破斥的力量，能把對方的主張予以摧毀。他人有所主張時，我若發見其理論有欠圓滿，證明有欠確切，在實質上或形式上顯有過失，我指出其過失所在，恰中要害，便成能破。所以能破即是破邪，有時爲了與似能破分別起見，亦可加上一個眞字，稱之爲眞能破。能破時，破者爲自，原立論者與證義者爲他。能破使原立論者與證義者了悟原立論之非是，故亦屬於悟他。

（三）似能立　似能立有時亦簡稱似立。似，如上所述，是不眞不正的意思。所以似能立即是有過失的言論，亦即是立不住，站不穩，容易被人推倒的主張。至其所以成似，或因理論有欠圓滿，或因證明有欠確切，在實質上或形式上犯有過失，其詳細情形，且待下文再作說明。所以似能立卽是有過失的能立。

（四）似能破　似能破，有時亦簡稱似破，是似是而非，不得其正的破，是沒有能破力量的破，雖想攻破他人的主張，却不能收穫攻破的實效。至其所以不能收能破之功，或因對方的主張原是眞能立，無懈可擊，或雖是似能立，破者却未能發見其眞正過失所在，反於沒有過失處，濫施攻擊。這樣的妄破，一經對方反駁，徒然招致自家的失敗。

（五）現量　量，是量度的意思。用智慧來認識對象，好像用尺來量布，所以因明就把認識作用稱之爲量。現量，粗淺地說，就是知覺或知覺所得的知識。如眼見，如耳聞，這些都是知覺。眼見耳聞的結果，知道顏色是可見的，聲音是可聞的，並知道某是紅色，某是高音，這些都是知覺所獲得的知識。知覺及其所得的知識，都可稱爲現量。知覺使自己認識身體內外的實在情況，所以現量屬於自悟。

（六）比量　比量是現代所說的推理。現量所沒法知道的，可根據某一事理推而知之。這種推知的認識作用是比量，推理所得的知識，亦可稱比量。人們都有理智，都能藉以使自己推知現量所不及知的事情，故比量屬於自悟。現量與比量，同爲認識，其不同處，前者所得是直接知識，後者所得是間接知識。比量根據某一事理，以推知另一事理，能立擇取某種理由以證明其所欲建立的主張。兩者所循的理論與所用的論式，完全相同，其無瑕可摘與顚撲不破，亦完全相同。其所以一屬自悟而一屬悟他，只因爲獲益者不同其人。在作比量時，立論者自身尚未知或尚懷疑某事之確爲眞理，依據了確切的理由，從事推衍的結果，纔使自己了悟且確信其爲正確無誤，所以比量屬於自悟。在作能立時，立論者自身已經認識某事確爲眞理，遂用自己了悟時所用的理由，啓發敵者，令其與自己有同樣的了悟，所以能立屬於悟他。故若撇開獲益者是誰的問題，而專着眼於其規則、論式與效果，則比量卽是能立，能立卽是比量，實在無可分別。所以因明講到能立時，亦常常稱之爲比量。

（七）似現量　似現量有時亦簡稱似現，是錯誤的現量，亦卽是現代所說的錯覺與幻覺。錯覺是以彼爲此，把彼物錯認爲此物。幻覺是以無爲有，把實際上所不存在的事物誤認以爲存在。錯覺與幻覺所得的知識，當然亦是錯誤的，故亦是似現量。

（八）似比量　似比量有時亦簡稱似比，是似是而非的比量，是有過失的比量。似比量所推得的知識，亦是錯誤的或不確切的，故亦屬於似比量。比量卽是能立，所以似比量亦卽是似能立。

以上已把八義的意義簡單而粗淺地詮釋完了，現在要提出來一說的：四似爲什麼亦被列爲悟他與自悟？因明所說的悟，不應是中性的，不應是不管是非的。因明所講求的，是立正破邪，所以說到悟，一定亦離不了此一宗旨。不論所開悟的，是他人或是自己，總要啓發正智，領悟眞理，纔配得上稱之爲悟。倘然所啓發的不是正智，所領悟的不是眞理，便不配稱爲悟。依照這個標準來說，四眞之能悟他自悟，自無疑問，四似之稱爲悟他自悟，不免費解了。似能立是有過失的言論，無力啓發敵者的正智，且易爲敵者所破斥，故不能有開悟的功用。縱使敵者知識短淺，不知破斥，甚且加以接受，則敵者所因此了悟的，只是一種錯誤而不正確的知識，決不是眞理。似能破所破的，假使是眞能立，本不應破而妄施破斥，或所破的雖是似能立，但不能擊中要害，僅於無過失處濫加攻擊。如此的似能破，其所啓發的，當然亦不會是正智。似現量是錯誤的知覺，似比量是錯誤的推理，其所貢獻於自己的，一定亦是邪智。如此說來，四似實在都不配稱爲悟。然因明猶把這四種分別列入悟他自悟二門，究竟是什麼道理？對於這個疑問的解答，要推「從本爲論」說最爲妥善。所謂「從本爲論」，意卽四似之所以列入二悟，是從其本來目的上予以論定的。四似誠不能啓發正智，但其本來目的，似能立似能破原想有所立或有所破，用以開悟他人，似現量似比量亦想使自己認識眞理。從功用上看，四似不同於四眞，從目的上看，四似與四眞沒有分別。故若姑置功用問題於不論，而專着眼於其原來的目的，則四似亦可列入二悟。

本論所講述的，是上述的八義。但在八義之中，能立與似能立二義，講得最詳盡，其他則甚簡略。其所以有詳有略，自亦有其道理。能破所破的，一定是似能立，否則不會收能破的功效而要變成似能破。能破的對象既是似能立，所以在破斥時，只要持能立所以成似的條件以檢察敵論，便可知道其過失所在，便可知道破斥所宜着手的處所。能立成似的條件，即是能破成眞的依據。所以講明了似能立，如何能破，即可推知，用不到再細講。似能破的對象雖亦可能是似能立，但究以是眞能立者爲多。當其對象爲眞能立時，本無過失而誤認爲有過失，遂致成爲似能破。當其對象爲似能立時，不於有過失處施破，反於無過失處妄攻，遂致成爲似能破。不論其對象爲眞能立或似能立，似能破之所以成似，莫不因其於敵論無過失處妄加攻擊。所以講明了眞能立的條件，卽已揭示了似能破成似的因由，用不到有所贅述了。比量與似比量，如上已述，自其所循理法與所用論式看來，實卽能立與似能立。故在詳述能立成眞成似的條件後，比量之所以成眞成似，亦沒有贅述的必要。剩下來的，只有現量與似現量二義，不與能立似能立相通。但本論對此二義，講述亦甚簡單。似乎只因爲講述似能立時，現量與之有關，始予附帶述及而已。自悟四義，可說屬於知識論範圍，悟他四義，都屬於理則學範圍。本論對於能立似能立，講述特詳，故本論所講述的因明，大體說來，是理則學的一種，且與西洋邏輯的根本義相通。

因明所欲發揮的功效，是開悟。立論以開悟他人時，立論者是立，是自，被開悟者是敵，是他。故悟他之有立敵或自他，無可置疑。自悟時似無立敵或自他的分別可言，但亦未嘗不可把領悟者姑分爲能所兩個方面，以能開悟方面爲立或自，以所開悟方面爲敵或他。且因明以能立與似能立爲骨幹，以悟他爲模範，破斥而沒有敵，無的放矢，誠屬毫無意義，建立而沒有敵，無所開悟，亦屬徒勞無功。所以因明講到各種義理，必以「賓主對揚」爲基礎，賓主卽是立敵或自他。因明建立在賓主對揚的基礎上，所以因明雖是理則學，却甚重視立敵的對諍。因此之故，因明亦可說是辯論術，其所講述的，是辯論所應遵守的規則。理則學所講求的，是是非，辯論術則不能不顧到勝負。因明一方面是理則學，他方面又是辯論術，所以因明是站在是非上以求致勝避負，想把是非與勝負打成一片的。勝負不能完全取決於立論者一方，往往隨對方以轉移。所以因明所說的是非，不免要隨應變遷，不能固定。立論者所自認爲確切不移的眞理，以之與某敵對揚，可以致勝而成是，以與另一敵對揚，可能致敗而成非。所以同一言論，對於此敵，是能立，對於另一敵，可能轉成似能立。又同此言論，由此人建立時是似能立的，改由另一人來建立時，可能轉成眞能立。能破似能破，亦有同樣情形。同此言論，當其爲某敵所立時，或得以某理由破之而奏效，成爲眞能破，當其爲另一敵所立時，我以同樣理由破之而不能奏效，轉成似能破。眞與似，決於立敵的關係，好像是非完全是相對的，但我們却亦未可遽作如此的結論。因明所欲啓發的，是正智，而且是決定的正智，應當不會承認是非的相對性。其容許眞似之隨應變遷，不過是開悟的方便法門，教人們擇取最有效的方法，來立正破邪，以免多勞而寡功。

如是總攝諸論要義。

此句顯示初一頌的功用。「如是」，指頌中所說的二悟八義。「諸論」，指古來有關因明的著書。「要義」，指立正破邪的主要道理。故全句的意義是：二悟八義總括古來各論所說的因明的主要道理，亦卽古來各學者所講述的因明主要道理，不出二悟八義的範圍，用二悟八義來概括，可以括盡無遺。

此中宗等多言，名爲能立，由宗因喻多言，開示諸有問者未了義故。

自此以下，分釋八義，現在先釋能立。釋能立的全文，又分五節。此是第一節，總釋能立，又分兩段，第一段舉示能立的構成分子，第二段說明能立得名的由來。

「此中宗等多言，名爲能立」，是第一段。「此中」的此字，指上面所說的要義，「此中」，卽是諸要義之中。「宗等」的等字，因明學者分爲內等與外等二種意義。所謂內等，舉盡了應舉的項目，而用等字來結束一下，故所等已盡在所舉之中。所謂外等，應舉的項目未經盡舉，於所舉項目外尚有其他項目，故所等猶有若干在所舉之外。此處的等字，是用作外等的意義，用以兼攝因與喻。「多言」，卽是構成宗、因、喻的許多文字。宗、因、喻，各是一個判斷，判斷的涵義不是一言所能表達，必須運用多言方能表達得明白。

「此中宗等多言，名爲能立」，意謂宗、因、喩、多言合起來，叫做能立。所以這句話所表示的是：能立是宗、因、喩所構成的，宗、因、喩是能立的成分。宗、因、喩，因明稱爲三支，所以每一能立是三支所構成的。

「由宗、因、喩、多言開示諸有問者未了義故」，是第二段。「諸有問者」，指敵與證，尤其指敵者而言。賓主對揚時，敵者發問：現今所欲建立的，是何種道理，故稱「問者」。「未了義」，卽是立論者所欲建立的義理，敵者或因不知不解而未了悟，或因尚有疑惑處而未徹底了悟，或因懷有相反的意見而不了悟其爲眞理。立論者把敵者未能了解的義理，用宗因喩多言來啓發他們，令其了悟，所以稱爲能立。故「由宗因喩多言開示諸有問者未了義故」一語，是在說明能立得名的緣由。

能立是由宗因喩三支所構成。凡三支所構成的論式，統稱三支作法。三支作法不是能立所獨有的論式，比量、似能立、似比量所用的論式，亦都是三支作法。能破與似能破，雖不一定用三支作法，但有時亦用此式。不過能立與比量必須具備三支，卽使在言詞上時或省略而不統統說出，至少在道理上是有備足的可能。若連這可能都沒有，那就不能成眞能立或眞比量了。故三支具足，是能立所以成眞的第一個條件。

三支作法是新因明的論式，至於古因明的論式，還要繁複些。古因明的論式成自五支，通常稱爲五分作法。現在把古因明五分作法的各支名稱及其模範實例，引錄如下：

宗　聲是無常，
因　所作性故，
喻　譬如瓶等。
合　瓶有所作性，瓶是無常，聲有所作性，聲亦無常。
結　是故得知：聲是無常。

五分作法，不但繁複，而且證明力量亦不夠堅強。結支不過把宗支重說一遍，沒有新的功用，等於贅說，所以新因明在三支作法中將其刪除，以資簡潔。合支所說，很明顯地只有類比推理的功用，其證明力甚薄弱，所以新因明在三支作法中將其改造爲普徧原則，納入喻支之中，令其發揮演繹推理的功用，以增強其證明力。現在把三支作法的論式及其實例，引錄如下：

宗　聲是無常，
因　所作性故，
喻┬同喻　若是所作，見彼無常，譬如瓶等，
　└異喻　若是其常，見非所作，譬如虛空。

三支的排列，有法定的順序，宗支居首，因支居次，喻支居末。宗支卽是理則學上的結論，因支即是小前提，喻支卽是大前提。理則學三段論法將大前提列在首位，小前提列

在次位，結論列在末位。宗因喻的作用與大小前提結論的作用，雖完全相同，其排列次第恰正相反。理則學先說前提，後說結論，其所採用的是推理的形式。因明先說宗，後說因與喻，其所採用的是論證的形式。因明以立敵關係爲基礎，且又重視開悟的功用，故以採用論證形式爲較妥適。立論者第一句就提出所欲建立的宗，倘敵者亦同意其宗中所說義理，則已無所用其開悟，無所用其辯論，便亦用不到空費氣力再往下說了。所以因明之採用論證的形式，亦自有其道理。

能立的三支中，只有宗支，是要違他順自的。所謂違他，即是違反敵者，亦即是敵者所不同意的。所謂順自，即是順從立論者自己，亦卽是立論者自己所承認其爲眞理的。宗若不順自，立論者應當不肯建立。宗若不違他，則又用不到建立。至於宗支所由構成的名詞以及因喻二支，既要順自，又要順他。其必須順自，因爲宗支所由構成的名詞若是立論者自己所不同意的，立論者不應當用這些名詞來構成宗支，用以證明宗支的因與喻若是立論者自己所不同意的，立論者亦不應當用來做理由。其所以必須順他，因爲宗支所由構成的名詞若是敵者所不同意的，敵者對於這些名詞的是否可用，先要提出疑問，因喻二支若是敵者所不同意的，敵者對於因喻的能否成立，是否有證明的力量，亦先要提出疑問，於是辯論的中心便不免要轉移了。爲了避免這種糾紛，所以因明規定：除了宗支必須違他順自以外，其餘都須順自又順他。

因明稱立論者爲自，稱敵者爲他，立與敵合起來，則稱爲共。能立與比量，如前已述，其規則、論式、效果、完全相同，故能立亦稱比量。比量而合於上面所述的條件，因明稱之爲共比量。共比量是比量的常軌。本論關於能立等所述種種條件，都是就共比量立說。但因明亦容許例外。凡應當順自又順他的，若其中有一件只順自而不順他，因明稱之爲自比量。又凡應當順他又順自的，若其中有一件只順他而不順自，因明稱之爲他比量。自比量與他比量，從常軌看來，原是似比量，但若標明爲自比量或他比量，則又可轉成眞比量，不通其功用自不能與共比量相並。共比量旣能立正，又能破邪，兼具兩種功用。自比量與他比量，或只能立正而不能破邪，或只能破邪而不能立正，其功用是偏而不全的。共比量最合因明的理想，最能發揮因明所欲發揮的功能，所以因明以共比量爲常軌，唯有在沒法作共比量時，纔不得已而作自比量或他比量。

此中宗者，謂極成有法，極成能別，差別性故，隨自樂爲所成立性，是名爲宗。如有成立聲是無常。

自此以下，分釋宗因與喻。此節釋宗，又分五段。「此中宗者」是第一段，在能立的三支中，先提出宗來闡釋。宗字的意義，依大疏說，是「所尊、所崇、所主、所立之義」。故所謂宗者，意卽立論者所尊重所崇奉所主張所建立的。宗是理則學所說的結論。古因明往往濫用宗字，有時用以總指結論這個判斷，有時用以分指結論所由構成的名詞。本論所用宗字，亦不免因襲舊說，用作兩種不同的意義。因明學家爲了避免混淆，立出新的名稱，以資分別。做宗的那個判斷，稱爲總宗或宗體。總、是全部的意思，體、是整體的意思。例如「聲是無常」，是宗的全部，是宗的整體，所以應稱總宗或宗體。宗體所由以構成的分子，稱爲別宗或宗依。別、是部分的意思，依、是所依以構成的意思。「聲是無常」、是由「聲」與「無常」兩個分子所構成的。「聲」與「無常」、各是宗的一部分，各是宗體所依以構成的，所以各應稱爲別宗或宗依。論文此處所說的宗，是指總宗或宗體而言。總宗別宗與宗體宗依兩對名稱，互相比較起來，後者把所欲顯示的分別顯示得更明白，所以本書此下的詮釋，採用宗體宗依兩個名稱。

「謂極成有法，極成能別」是第二段，闡述宗依所具的意義及其應備的條件。現在先說宗依的意義，次說宗依所應備的條件。

每一宗體有兩個宗依，例如「聲是無常」有「聲」與「無常」兩個宗依。「聲」與「無常」，自其同爲宗體的成分而言，同是宗依，沒有什麼分別。但這兩個宗依，在宗體中所居的位置不同，所具的作用亦不同。爲了表示其不同的位置與不同的作用，因明又各爲創立了不同的名稱，現在分述如下。

前陳與後陳　前陳、是說在前面的意思，後陳、是說在後面的意思。例如在「聲是無常」中，「聲」居宗體之首，故是前陳，「無常」居宗體之末，故是後陳。前陳與後陳，是依其所居位置以得名的。宗支是理則學所說的結論，結論是一個判斷。每一判斷有主詞與謂詞，主詞居前，謂詞主後。所以前陳就是理則學上所說的主詞，後陳就是理則學上所說的謂詞。

體與義　前陳與後陳，這兩個名稱所能表示的，不過其所居位置的兩不相同，未能把這兩個宗依的作用表示出來，更未能把兩宗依間的關係表示出來。所以因明學家又進而另立名稱，以表示各宗依所特具的作用，並以表示兩宗依間的關係。這表示作用與關係的名稱，是體與義。體、用以稱前陳，義、用以稱後陳。體是一件事物，義是事物所具的性能。立宗、就是用後陳內所說的義，以論謂前陳內所說的體。所以體是所論謂的，義是用以論謂的。論謂、意卽用義來顯示體的性能，以見其具有何種特色，並以別於其他不相同的種類。例如在「聲是無常」中，「聲」是體，「無常」是義。此宗以無常顯示聲的特色，同時亦令其與各種常住的事物有所分別。體與義是相對的，不是絕對的。所謂相對，卽言是體的不一定始終是體，是義的不一定永久是義。事物可以當作性能看待，性能亦可以當作事物看待，所以在此宗內用作體的，在另一宗內可以用作義，在此一宗內用作義的，在另一宗內可以用作體。體與義的可以互轉，因明稱之爲得名不定。在「聲是無常」中，「聲」是體，「無常」是義。若說：「耳所聞的是聲」，則「聲」是義而不復是體了。又若說：「無常是所量的」，則「無常」是體而不復是義了。體與義的得名、取決於論謂關係，不取決於名詞本身。同此名詞、當其爲前陳時、亦即爲所論謂的對象時，便稱之爲體，當其爲後陳時，亦即爲用以論謂的言詞時，便稱之爲義。體與義雖已表示了各宗依的特色與兩宗依間的關係，但表示得猶嫌不够周詳。所以因明學家更進一步，爲體與義各立三名，以詳示其作用與兩者間的分別及關係。體的三名是自性、有法、所別，義的三名是差別、法、能別。此中自性與差別、有法與法、所別與能別、各自成對，現在依次說明如下。

自性與差別　自性與差別的區分，有三種標準，一爲局通對，二爲先後對，三爲言許對。

(一) 局通對　此以局與通爲自性與差別的分別標準。局、是局限於一處的意思，通、是貫通於他處的意思。前陳所說、局限於本宗，不貫通宗外，故稱自性。後陳所說、貫通到宗外，不局於本宗，故稱差別。自性局限於本宗，故狹於差別，差別貫通到宗外，故寬於自性。例如在「聲是無常」一宗中，前陳的「聲」，所指的只是本宗所說及的聲，不能貫通到本宗所不說及的顏色與香臭上去，所以前陳是局限於本宗的。後陳「無常」則不然。世間無常的事物，不限於聲音一種，其他無數事物，如顏色、如香臭、如瓶、如盆，却是無常的。我們不但可以說聲是無常，亦可以說色等是無常。無常性、於本宗所說及的聲音以外，還可適用到本宗所不說及的其他事物上去，所以後陳是貫通宗外的。無常的事物不止聲音一種，故聲的範圍狹，無常的範圍寬。所以照局通對的說法，自性與差別、是依據體義間的寬狹關係以得名的，亦可以說：是用以顯示體狹義寬關係的。

（二）先後對　體居宗體之首，是所論謂的對象，正待後陳爲之顯示其特色，說明其類別，並非其前別有他名待前陳去論謂，所以前陳名自性。義居宗體之末，其先已有前陳正待後陳者爲之明其特色，以與異類者分別。後陳是用以爲前陳示性別類的，所以名差別。例如僅說「聲」而未說「無常」，還不知道聲音究有何種特色、究與何種事物不同。前陳只說到「聲」，尚未顯示其所具的特色，未指明其所屬的種類，故名自性。及至說出「無常」，於是聲的特色與類別纔明白顯示出來：聲是無常的，不是常住的。後陳顯示前陳「聲」的無常，以別於常住，故名差別。差別既是把前陳的體從異類中分別開來，則從其反面說，應當亦是把前陳的體歸入其應屬的種類。例如後陳「無常」，一方面把聲別於常住類，他方面亦把聲歸入無常類。所以照先後對的說法，自性與差別，是顯示體義間的歸類作用的。

（三）　言許對入言字是言陳的略語，許字是意許的略語。依照字面講，言陳就是言語所陳，意許就是意中所許。但此處所云言陳，不單是言語所陳的意思，所云意許，亦不單是意中所許的意思。兩者的分別，是建立在言語所陳與意中所許的兩相比較上的。言語所陳與意中所許兩相一致的，稱之爲言陳，言語所陳與意中所許不完全一致的，稱之爲意許。所以言陳是言中的意義，意許是言外的意義。言陳、表裏如一，故名自性，意許、表裏不同，故名差別。所以依言許對所成立的自性差別，與依局通對及先後對所成立的自性差別，其名稱雖同，其意義不一。局通對及先後對中所說的自性、一定是體，其所說差別、一定是義。言許對所說的自性、可能是體，亦可能是義，所說差別、可能是義，亦可能是體。體中所說與其意許一致，則體是自性，若不一致，則體就成了差別。義中所說與其意許不相一致，固是差別，若相一致，則義亦成自性了。體與義，各可有自性與差別的分別，故此云自性與差別，並非出自體與義的作用不同，而是別有所依據。此種自性差別，與體義的分別無關，因其名稱相同，姑於此處附帶說及，俟論文用到此一意義的自性與差別時，再作較詳的詮釋。

有法與法　前陳又名有法，後陳又名法。法是什麼意義？大疏解釋道：「法有二義：一能持自體，二軌生他解。」「能持自體」，卽言保持自身，不使失墜。「軌生他解」，卽言範圍他事，令其發生新解。必須具備此軌持二義的，方得稱爲法。前後二陳之中，只有後陳能够兼具軌持二義。前陳雖能保持自身，不使失墜，但並未範圍他事，令其發生新解。所以前陳只具持義，不具軌義，不得稱爲法。前陳爲什麼不能軌生他解呢？因爲前陳之前，未有他事可爲前陳所範圍。如在「聲是無常」一宗中，前陳「聲」能保持其爲聲，不使喪失自體，但因其前未說有他事，縱欲有所範圍，亦無可範圍，無從令生新解。若專就名詞本身而論，「聲」亦未嘗不足用以軌生他解。如說：「耳所聞的是聲」，以「聲」範圍「耳所聞」，令「耳所聞」發生新解，「聲」亦具有軌義了。但如此說時，「聲」已是後陳而不復是前陳。在「聲是無常」宗中，「聲」之不能具有軌義，是其位置所使然，非緣名詞本身不能軌生他解。後陳「無常」，既能保持其爲無常，使不失墜，又能範圍前陳的「聲」，令其發生新解：是無常而非常住。所以後陳既具持義，又具軌義，得稱爲法。前陳「聲」雖不是法，但能具有此「無常」法，所以稱爲有法。前陳是能有，後陳是所有。論文「極成有法」中的有法二字，卽指前陳而言。

所別與能別　前陳又名所別，後陳又名能別。此中所說的「別」，與先後對中所說的差別，同其意義，亦可說：就是差別一詞的省略語。立宗是用後陳來差別前陳，以明其屬於後陳所說的類，並以別於其他的類。前陳是待差別的，故是所別，後陳是用以差別的，故是能別。例如「聲是無常」一宗，以「無常」差別「聲」，闡明其屬於無常類，以與常住類分離。所以「聲」是所別，「無常」是能別。這一對名稱，可說是從自性差別的先後對推衍而得，把差別分爲能與所兩個方面，以名其義與體。論文「極成能別」中的能別，卽屬此義，係指後陳而言。

以上所說關於宗及其成分的各種名稱，試爲列表如下，以便省覽。

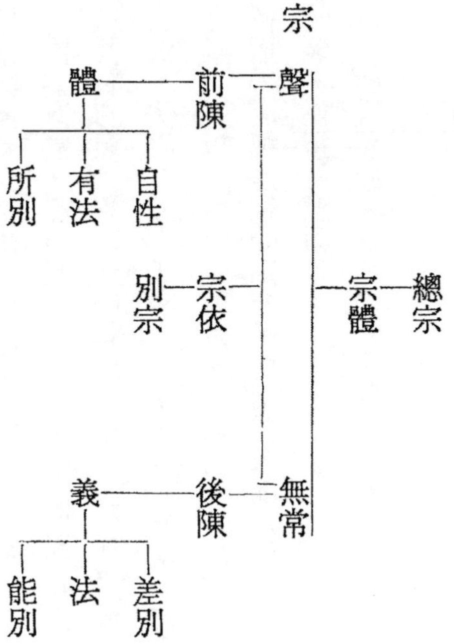

有法與法，能別與所別，各自成對。論文不取其中的一對，不說「極成有法，極成法」或「極成所別，極成能別」，而於二對中各取其一名，說「極成有法，極成能別」。這是什麼道理?有法與法，是注重名詞的內容方面立說，謂前陳的體具有後陳中所說的性能。所別與能別，是注重名詞的範圍方面立說，謂前陳的體屬於後陳中所說的種類。論文於二對中各取其一名，正足表示：前陳與後陳之間，既有內容方面的關係，又有範圍方面的關係，可謂雙方都顧到了。若單取一對，則不免顧到了內容而遺漏了範圍或顧到了範圍而遺漏了內容，都不如各取其一名那般周到。

以上既說宗依，此下當說宗依所應備的條件。宗依所應備的條件，就是論文「極成有法，極成能別」中所說的極成。故「極成有法，極成能別」，意卽必須用極成的有法與極成的能別來做宗依。現在試述極成一詞的意義。

大疏解釋極成一詞云：「極者，至也，成者，就也，至極成就，故名極成」。這只是字義的解釋，還未能把極成的具體意義明白說出。大疏接下去又說道：「此依必須兩宗至極共許成就……共許名爲至極成就，至理有故，法本眞故」，這是極成一詞具體意義的說明。依此所說，可見極成涵有二義：一是本眞或眞極，二是共許。所謂眞極，卽是眞正有此事物。因明稱實際上存在的事物爲有體，稱實際上不存在的事物爲無體。所以眞極卽是有體，不是無體。有時爲了表示得格外周詳起見，把眞極與有體合在一起，稱爲眞極有體，意卽眞正的實有。共許的共字，兼攝自與他。所謂共許，卽是立敵同許此事物爲實有，時或稱爲立敵共許，其意義更明顯。實有與共許，是兩個條件，這兩個條件必須具備，方得稱爲極成。若實有而不共許，或共許而非實有，都不足以當極成之稱。依理而論，實有與共許，應當是相連而不可分的。眞正實有的，立敵不能不共許其爲實有，立敵所共許爲實有的，亦應當是眞正實有的。理雖如此，但事實上却多例外。有眞正實有而不爲立敵共許的，亦有爲立敵所共許而非眞正實有的。例如變形蟲，經科學家在顯微鏡下證實其確屬存在，只因其體積微小，非肉眼所能見，鄉愚不知且亦不信有此單細胞動物。所以科學家與鄉愚論及變形蟲時，變形蟲雖是眞正實有，却得不到立敵的共許。又如孫悟空本是小說上虛構的人物，愚者不察，信其爲實有，討論其本領是否配稱齊天大聖，則是立敵共許而非眞正實有。實有與共許，旣有不相應的，則嚴格說來，實有而不共許的與共許而不實有的，應當都不得稱爲極成。但因明所說極成，並不如此嚴格。立宗的任務在於悟敵，所以因明特別重視立敵所持的觀點。只要立敵共許其爲有，卽使不是眞正實有，亦可稱之爲極成，只要立敵不共許其爲有，卽使是眞正實有的，亦不得稱爲極成。極成雖涵有眞極與共許二義，實則偏重共許。所以有些因明學家逕以共許解釋極成，不復提及眞極，如莊嚴疏云：「主賓俱許，名爲極成」。因此之故，同此名詞，其極成與否，並不固定，可依立敵而異。例如鬼，有鬼論者互爲立敵時，是極成的，有鬼論者與無鬼論者相與辯論時，是不極成的。故所謂極成者，如實言之，只是立敵所共許的實有，完全以立敵雙方的主觀態度爲其是否的決定標準。其所以如此重視立敵的共許，亦出於因明之兼爲辯論學。立敵共許，卽是順自又順他，自立敵言之，稱爲許，自事理的有無言之，則稱爲順。

因明於極成外，時亦用到有體與無體兩個名稱。上面說過，實際上存在的事物是有體，實際上不存在的事物是無體。就常理而論，如此說法，本無不可。但在因明，還嫌說得不够細密。因明最重立敵，講述任何道理，都以立敵關係爲基礎，關於有體與無體的理論，亦不例外。有體與無體的分別，亦如極成與否的分別，完全取決於立敵雙方的主觀意見。縱使實際上並不存在，只要立敵共許其爲實有，因明便稱之爲有體。縱使事實上確屬存在，只要立敵不共許其爲實有，因明便稱之爲無體。因此之故，同此事物，在甲乙看來，是有體，在丙丁看來，不一定是有體，其有其無，可以隨立敵而轉變。有體無體的分別標準，完全與極成不極成的分別標準相同，故有體卽是極成的體，無體卽是不極成的體。因明稱前陳爲體，稱後陳爲義。故就前陳而言，應依立敵的共許與否，稱之爲有體或無體，若就後陳而言，應依立敵的共許與否，稱之爲有義或無義。有體與有義，無體與無義，其名稱的分別，完全出於所居位置的有異，至其有無二字的意義，則完全相同。故亦可說：有義卽是極成的義，無義卽是不極成的義。故論文的「極成有法」，亦可解作有體的有法，「極成能別」，可以解作有義的能別，意即兩個宗依必須一爲有體，一爲有義。

「差別性故，隨自樂爲所成立性」，是第三段，闡述宗體的特色。依此段所說，宗體的特色有二：一爲差別性，二爲隨自樂爲所成立性。

「差別性故」的差別，卽是上段述宗依時所說及的自性差別對中的差別。「差別性故」，意卽宗之所以成宗，是用後陳中所說的性能以差別前陳中所說的事物，顯示前陳所說事物所具的特性與所屬的種類。例如「聲是無常」宗，以後陳「無常」差別前陳「聲」，闡明聲音具有無常的特性，以別於常住類。大疏與莊嚴疏均釋差別性爲互相差別不相離性，謂「無常」差別「聲」，明其爲無常聲而不是常聲，「聲」亦差別「無常」，明其爲聲無常而非色無常。必如此互相差別，使體與義不相分離，方成宗體。此一解釋，涵有互相差別與不相離二義。宗體之表示前陳的不離於後陳，確是宗體之所以成宗體的要點，至於表示前後二陳的互相差別，則其理甚屬可疑。專就名詞本身而論，甲乙兩個名詞固有互相差別的可能，及其合成一個宗體，甲爲前陳而乙爲後陳，則只能是乙差別甲，不能同時又是甲差別乙。試爲設例，如人與理性動物兩個名詞，其意義完全相等。我們得以「理性動物」差別「人」，說「人是理性動物」，亦得以「人」差別「理性動物」，說「理性動物是人」。所以就「人」與「理性動物」兩個名詞本身而論，確是可以互相差別的。但此互相差別，一定要靠兩個宗體來表現，不是一個宗體所能表現得盡的。因爲在「人是理性動物」一宗中，只表現了「理性動物」之差別「人」，未嘗表現「人」之差別「理性動物」。在「理性動物是人」一宗中，又只表現了「人」之差別「理性動物」，未嘗表現「理性動物」之差別「人」。每一宗體，只表現其後陳之差別前陳，不能表現前後二陳之互相差別，亦即只能表現一重差別，不能同時表現二重差別。故釋宗體爲前陳與後陳互相差別，不能謂爲符合宗體的眞相。

宗體之不能釋爲二重差別，還有兩點理由。第一點，釋宗體爲二重差別，與宗依之分爲所別與能別，不相符順。在一個宗體內，前陳與後陳若果互相差別，則前陳與後陳互爲所別與能別，何得謂前陳必是所別，後陳必是能別！既謂前陳必是所別，後陳必是能別，又何得謂前後陳互爲所別與能別！第二點，釋宗體爲二重差別，與局通對的理論，亦難符順。依局通所說，前陳的範圍必較狹，後陳的範圍必較寬。因明只許以範圍較寬的差別範圍較狹的，不許以範圍較狹的差別範圍較寬的，且亦不許體與義寬狹相等。「聲」的範圍較狹，「無常」的範圍較寬，故得以「無常」差別「聲」，說「聲是無常」，不得倒過來以「聲」差別「無常」，說「無常是聲」。「聲」既不能差別「無常」，何得謂「聲」與「無常」互相差別！所以宗體中的差別，只宜釋爲後陳之差別前陳。僅擧宗依，僅說「聲」與「無常」而不以「無常」差別「聲」，不令聲屬着於無常，則聲與無常之間究有何種關係，未能明示出來，遂亦無以使敵者有所了悟。必待後陳差別了前陳，顯示了前陳「聲」具有無常的性質屬於無常的範圍，使聲不離無常，纔能有開悟敵的功用。但所謂不相離性，亦只是前陳所說必居於後陳的範圍以內的意思，決不兼攝後陳之不離前陳。綜而言之，差別性可釋爲以後陳差別前陳，使前陳不離於後陳，有此差別性，纔成宗體，所以說：「差別性故」。

「隨自樂爲所成立性」，意卽宗體是隨立宗者自己的樂爲所成立的。此中所涵義理又可小別爲二：一爲隨自樂爲，二爲所成立。僅有差別性，還嫌不够，一定要加上隨自樂爲性，纔配成爲宗體。所以隨自樂爲，亦是宗體應備的重要條件，且其重要性尤高於差別性。「隨自」，就是隨立論者自己，「樂爲」，就是樂意去做。因明所講述的道理，都以立敵關係爲基礎，其主張宗體必須隨自樂爲，正表示着此一關係。隨自樂爲，在字面上，雖只積極地表示了宗體必須是立論自己所樂立，其骨子裏實亦涵有消極的意義，謂不是敵者所樂立。敵者所不樂立，不一定是敵者所反對或所憎惡的意思，亦可能只是敵者所未解或有所疑的意思。其所以既須立論者自己所樂又須敵者所不樂，都是能立的目的所使然。能立的目的，在於悟他，在於立正破邪。故必立論者自己所確認爲正理的，纔樂於建立以開悟敵者，若自己猶未認其爲正理，一定不樂且亦不應建立。所以宗體必須隨自樂爲。又必敵者未能洞見正理，或竟執持邪見，纔有提出自家的正當主張，令其了悟的必要。若敵者對立論者所欲建立的主張，本已認識其爲正理，是則敵者既經了悟，更用不到再由立論者爲之開悟。用不到開悟而猶從事開悟，徒勞無功，不是因明所許。所以宗體又必須敵者所不樂。依據此一標準而言，所謂徧所許宗與先業禀宗，都不能成爲眞宗，都是不應當建立的。徧所許宗亦稱衆共許宗，是世間衆人所共同承認的宗，如說「聲是所聞」。此宗所說，雖屬正理，但因其爲大衆所公認的正理，亦必是敵者所已經了悟的正理。這樣的宗，不僅是立論者所樂爲，亦是敵者所樂爲，所以不能成爲眞宗。先業禀宗亦稱自所學宗，是同宗派的人們所共同信奉的宗。例如諸行無常，是佛教的根本教義，佛教徒無不信奉。今假佛教徒甲對佛教徒乙立宗道：「諸行無常」，因其亦爲敵者所樂爲，故與徧所許宗同樣，不能成爲眞宗。只是立論者自己所樂爲而不是敵者所亦樂爲的，因明稱之爲不顧論宗。不顧論宗，或是秉承本宗派的學說以開悟異宗派的人，或是發揮自己個人的見解以開悟猶未同意的人。只有此種不顧論宗，纔爲立敵所對諍，纔可成爲眞宗。

「所成立性」是宗體的又一特色。「成立」是證明的意思。謂宗體爲所成立，意在闡明宗體與因喻的分別。宗體是一個判斷，因與喻亦各是判斷。三者雖同爲判斷，但在能立中的作用却甚不相同。因明爲了使三者不相混淆起見，特別提出所成立性以爲宗體的特色。在能立中，用因喻來證明宗體。宗體是因與喻所證明的，亦卽是因與喻所成立的，故稱所成立，亦簡稱所立。因與喻是用以證明宗體的，亦卽是宗體所由以成立的，故稱能成立，亦簡稱能立。宗體既是所立，不應同時又是能立。但論文曾說：「此中宗等多言名爲能立」，則宗體亦是能立，至少是能立的一部分。既謂宗體是能立，又謂宗體是所立，在字面上，顯有牴觸。因明學家爲了消除此一牴觸，作有各種解釋。實則因明所用能立一名，有着二種不同的意義，試從其所與對待的名稱來看，卽可了然。八義中所說的能立，與似立對待，其能字是對似字而言，其立字是屹立的意思，合而言之，卽是眞正屹立而不動搖。宗體與因喻的分別上所說的能立，與所立對待，其能字是對所字而言，其立字是證明的意思，是使之屹立不動的意思，合而言之，卽是由以使宗體屹立不動。宗體之爲能立或能立的一部分，其所云能立，屬於前一種意義。宗體之爲所立而非能立，其所云能立，屬於後一種意義。二種意義既不相同，則謂宗體爲能立又非能立，只是字面上的矛盾，並不是實質上的矛盾，亦卽只是貌似的矛盾，並不是眞正的矛盾。

「是名爲宗」，是第四段，總結以上所說，意謂具備了上面所說各種應備的條件，就可稱爲宗。上面所說的諸種條件之中，有兩個條件是最重要的，一爲宗依必須極成，二爲宗體必須違他順自。但這兩個條件都是就共比量說的。若作自比量或他比量，這些條件就可不必統統遵守。就宗依而論，在自比量或他比量中，可以不極成，亦卽可以不共許。不共許與共不許，其意義不相一致。立敵雙方都不許，誠然是不共許，一方許一方不許，亦是不共許。所以共不許，只是不共許的一種。爲了分別起見，因明稱立敵雙方共不許的爲兩俱不許，稱一方許一方不許的爲隨一不許。所以不共許之中，有着兩種不許，一是兩俱不許，二是隨一不許。隨一不許又可分爲二種。許者是敵而不許者是立的時候，叫做自隨一不許，許者是立而不許者是敵的時候，叫做他隨一不許。這是消極方面的名稱，此外尙有積極方面的名稱。共許卽是極成，自隨一不許，是他許自不許，故若着眼於許者的方面，可稱爲他極成，他隨一不許，是自許他不許，依同樣道理，可稱爲自極成。有體與有義，是立敵共許其爲實有的，無體與無義，是立敵不共許其爲實有的。不共許旣可分爲兩俱不許與隨一不許兩種，無體與無義亦應隨着分爲兩種：一爲兩俱無體或無義，二爲隨一無體或無義。隨一無體或無義，應當就是隨一有體或有義，有無的名稱雖相反，所指却應當是同一件事情。因爲隨一無體或無義，只是立敵雙方中一方不許其爲實有，另一方一定是許其爲實有的。假若雙方都不許其爲實有，則成爲兩俱無體或無義，不復是隨一無體或無義了。故凡屬隨一無體或無義者，在不許其爲實有的一方看來，是無體或無義，因其爲對方所許，故加上「隨一」二字，稱之爲隨一無體或無義，在許其爲實有的一方看來，應是有體或有義，因其爲對方所不許，故亦可加上「隨一」二字，稱之爲隨一有體或有義。所以隨一無體或無義，即是隨一有體或有義，只因所從觀的角度不同，遂異其名稱。無體與無義分爲兩俱與隨一二種，比諸泛言無體與無義，其意義固已淸楚得多，但猶嫌不夠分明。隨一無體與無義，雖已表明其爲一許一不許，而立敵之中，究竟誰許誰不許，還是沒有明白表示出來。有無體與有無義，最好各分爲四種：(一)立敵雙方都許其爲實有的，稱爲兩俱有體或有義，(二)立敵雙方都不許其爲實有的，稱爲兩俱無體或無義，(三)立者許其爲實有而敵者不許的，稱爲自有他無體或自有他無義，(四)敵者許其爲實有而立者不許的，稱爲他有自無體或他有自無義。能如此分類，界限當可益臻淸楚，意義當可益臻明確。此後詮釋，擬採用此四類的名稱。作共比量時，兩個宗依都須極成，亦即前陳必須是兩俱有體，後陳必須是兩俱有義。作自比量時，前陳固可用兩俱有體，後陳亦可用兩俱有義，但却不一定要如此，兩個宗依都可以只是自極成，都可以是他隨一不許，可以是一爲自有他無體而一爲自有他無義。作他比量時，亦同前理，其兩個宗依都可以只是他極成，都可以是自隨一不許，可以是一爲他有自無體而一爲他有自無義。次就宗體而論，共比量的宗體必須違他順自。至若他比量，其有法，能別，因，喻中，至少有一項是不極成的，是自隨一不許的，故只能違他，不能順自。

「如有成立聲是無常」，是第五段，舉示眞宗的實例。宗的眞似，須依立敵的關係來判定。此宗是佛弟子對聲生論的信徒所立的。聲音的實有與無常性的實有，不但是佛弟子所許，亦爲聲生論的信徒所許。所以此宗的兩個宗依，都是極成的，都是共許的，前陳是兩俱有體，後陳是兩俱有義。依佛教的學理，聲音是無常的，故佛弟子主張「聲是無常」，其宗體是順自的。聲生論的學說，與佛教相反，謂聲音一旦發生，便常住下去，永不消滅。故對聲生論立「聲是無常」宗，其宗體是違他的。宗依極成，宗體又違他順自，故此宗是一個眞宗。

因有三相。何等謂三？謂徧是宗法性，同品定有性，異品徧無性。云何名爲同品異品？謂所立法均等義品，說名同品，如立無常，瓶等無常，是名同品。異品者，謂於是處無其所立，若有是常，見非所作，如虛空等。此中所作性或勤勇無間所發性，徧是宗法，於同品定有，於異品徧無，是無常等因。

此節釋因，可分七段。第一段釋因相的數目，第二段釋第一相，第三段釋第二相，第四段釋第三相，第五段釋同品，第六段釋異品，第七段釋所作性等之爲正因。

「因有三相」是第一段。現在先解釋因字，其次再解釋相字。因明說因，在理論上，把因分爲二方面：一是生因，二是了因。生，是生起或啓發的意思，了，是了悟或明了的意思。一粒種子撒在土裏，過了相當日子，便會發出芽來。生因正如種子，能生起別的東西。在暗室裏，伸手不見五指，用燈光一照，一切都了然。了因正如燈光，能使人們明了一切。佛教對聲生論立「聲是無常」宗，用「所作性故」爲因，以證明聲之只能是無常而決不能是常住，使敵者聽後便了然於「聲是無常」之必爲正理，不復固執其邪見。立者用此因以啓發敵者的正智，正如種子生芽，所以就立者說，稱之爲生因。敵者藉此因以了悟正理，正如燈光照物，故就敵者說，稱之爲了因。生因與了因，又各分爲智、義、言三層。先說生因。一是言生因，卽是立者所用以舉因的言語，例如「所作性故」這句話。這句話使敵者聽了，藉以了悟聲之必爲無常，所以是生因。二是智生因，指立者的知識而言。立者在未對敵者說出其主張之前，必先已知道聲是無常的，而且亦已知道聲之所以無常，因爲聲是所作的。假使立者事先未有此一知識，便不能提出「所作性故」這個因。知識是立言之本，是言生因的因，所以亦是生因。三是義生因。義有二種：一爲道理義，是言語中所涵的意義，亦卽聲是所作這項道理，二爲境界義，是言語所指的對象，亦卽聲是所作這件事實。言語之所以能引發人的了悟，全靠其所涵的意義與所指的對象，所以言語的義亦歸入生因。次說了因。一是智了因，指敵者的智慧與知識而言。敵者若生來如頑石一般，沒有智慧，根本無從理解「所作性故」的意義，雖有智慧而知識不足，亦將無從了悟所作性之足以證明無常。敵者的智是了悟的資本，所以稱爲了因。二是言了因，仍指立者所說的「所作性故」這句話。敵者若沒有智，誠然不會了悟，但若僅有智而沒有立者的言語爲之啓發，依然無從了悟。敵者的了悟，一方面靠自己的智，他方面亦靠立者的言。敵者的智必待立者的言語爲之刺激，而後纔能發揮其了悟的作用，言是智了因的因，所以亦是了因。三是義了因，亦指「所作性故」這句話中所涵的義理與其所指的對象。敵者所以能了悟聲之爲無常，亦是靠了「所作性故」這句話所表示的意義。義是智了因的因，所以亦是了因。這是因明所說的六因。六因的分別根據，是其功用，若以體別爲根據，實在只有四種。智生因中的智，是立者的智，智了因中的智，是敵者的智，其體各異，不能歸併爲一種。言生因中的言與言了因中的言，同指立者所用的言語，義生因中的義與義了因中的義，同是立者言語所包涵的意義。所以言生因與言了因，原是一體，義生因與義了因，亦是一體，所以六因只有四體。

六因之間，有着層層的因果關係。在生因方面，必須立者有智，方能認識義理，並且用言語來宣達，所以智生因是言義二生因的因。言義二生因是智生因的果。言義二生因雖同是智生因的果，但二者之間亦存着因果關係。立者認識了義理以後，纔用言語來宣達，所以義生因又是言生因的因，言生因是義生因的果。在了因方面，立者的言語與其所涵的義理，引發敵者的智，令其了悟正理，所以言了因與義了因，同是智了因的因，智了因是言義二了因的果。敵者聽了立者所說的言語，方得體會其中所涵的義理，所以言了因又是義了因的因，義了因是言了因的果。現在把六因四體表列如下，並用等號表示其爲一體，用箭頭表示其相互間的因果關係。

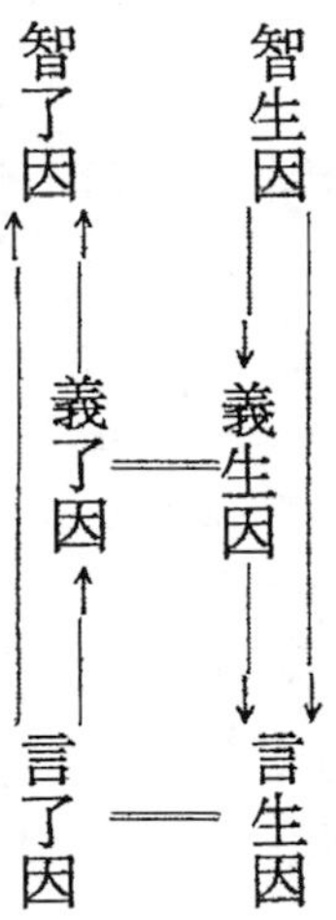

在六因之中，因明所最重視的，是言生因與智了因。立者雖有正確的理由足以充分證明自家的主張，但若默而不說，敵者無從知其理由如何，更無從信其宗體之確能成立。所以欲使敵者領悟，最緊要的是把自家的理由明白說出。敵者聽了用以表示理由的言語，纔能發生正智。言生因是令敵者了悟的根本所在，所以因明稱之爲正生，其他智義二生因處於輔助的地位，所以稱之爲兼生。就了因而言，敵者之所以能了悟，其主要原因，在於自家之有智，否則言與義無從爲之啓發。故倣正生與兼生的例，智了因可說是正了，其餘二了因可說是兼了。

綜觀以上所述，因明所說的因，實兼有理由與原因二種意義。理由與原因，在現在用語看來，其意義不相一致，不是可以混同的。所謂原因，是實在世界中的事情，其功用能在實在世界內產生結果。至於理由，是思想世界內推理的根據，雖以實在世界的事情爲基礎，但並不於實在世界內發生作用。理由只能證明其結論，不能生起任何實在的結果。原因與理由的功用不相同，所以我們雖亦時常拿原因來充理由，有時却倒過來以結果充理由。我們根據物體的受熱，推定其體積必然膨脹。受熱是原因，膨脹是結果。這是以原因充理由的。然如我們見了寒暑表的下降，因而推定天氣的轉冷，則是以結果充理由的。因爲天氣的轉冷，是原因，寒暑表的下降，是結果。因明所說生因，於因字上加一生字，而生字又解作生起的意思，則生因明明是原因，不是理由。了因的了，其作用等於燈光的照物，且以敵者的智認爲了因中最主要的部分，則了因亦是原因，不是理由了。所以因明所說的因，從其名稱來看，頗偏重現代語所說的原因，從其實質來看，與現代語所說的理由，亦不完全一致。嚴格說來，六因之中，只有道理義因，纔與現代語所說的理由一名相符合。因爲證明「聲是無常」的，正是「所作性故」這一道理。不過任何道理都須借助於言語，纔能表達出來。而任何言語亦決不會只是空無意義的聲音，必有某一道理寓於其中。道理與言語，關係如此密切，所以言語可以代表道理，言因可以兼括義因，而相當於理由。

因明於生因之中，特別重視言生因而稱之爲正生，可謂已表示其三支作法中的因之爲理由而非原因。了因之中，雖最重視智了因，但在三支作法中未嘗表示其爲主要的因，亦卽在論式中只把因支視作理由，未嘗視作原因。所以我們不妨說：因明泛論因時，兼括原因與理由二種意義，分爲六種，且於了因之中特別重視智了因，及其論作法中的因支時，則僅取兼括義因的言因。能立中的因支相當於理則學的小前提，更講得嚴格一點，僅相當於理則學的中詞，在表面上只是理由的一部分，但在實質上却是理由的全部。此觀於下述三相的作用，可以見之。因明之所以特別重視因，正因其實質上具有全部理由的功用。

「因有三相」的相字，大疏解釋道：「相者，向也」，又說道：「又此相者，面也，邊也」。依此解釋，因有三個方向，或三個面，或三條邊。因明的三個方向，第一是宗，第二是同喩，第三是異喩。因明講到因，時常稱之爲貫通宗喩。所謂貫通，卽自此處所說的相字推衍而來。因的三個面或三條邊，其中的一面或一邊貫通到宗上，其餘的二面或二邊貫通到同喩與異喩上。貫通了，就發生聯繫。故所謂貫通宗，卽指因與宗間的關係，所謂貫通喩，卽指因與喩間的關係。上面說過，喩支相當於理則學上的大前提，因支相當於理則學上的小前提，且在字面上僅相當於理則學上的中詞。但因支的功用，超過於小前提者甚多。從理則學看來，大前提亦是理由的一部分，與小前提合力以證明宗，從因明看來，因貫通喩，喩支之所以成立，亦出於因支的力。所以在論式上，喩支雖亦是理由，但其功用只不過幫助因支以證明宗支，使人格外易於了悟。所以因明稱因爲正成，稱喻爲助成。因的三相，簡單言之，就是因的三個條件。這三個條件必須一一達成，任何一條不能欠缺。三個條件都達成的，因明稱之爲三相具足。三相具足了，方能成爲正因。

「徧是宗法性」，是本節中的第二段，所釋的，是因的第一相，亦卽是因與宗間的關係。現在先釋宗法二字，次釋徧是二字。

宗，本是理則學上的結論，應指整個判斷而言。例如「聲是無常」全句，方得稱宗。至於宗的有法「聲」與能別「無常」，只能稱宗依，不得泛稱爲宗。但如上面曾經說過，因明用語往往不甚嚴格，有時亦稱宗依爲宗，此處所用宗字，卽其一例。此宗字所指的，是宗中的有法，亦卽不總指「聲是無常」全句，而單指宗中前陳的「聲」。法，本是宗中後陳的一個名稱，與前陳有法相對待。有法是體，法是義。一種體可以具有數種的義，如聲於無常外，可以具有「所聞」義，亦可具有「所作」義。故推而廣之，凡屬此體之義，雖不同居宗中，亦可稱之爲法。故宗法云者，意卽宗中有法所具之法。立者所取以爲因的，必須是宗法，否則就不配爲因。立「聲是無常」宗，以「所作性故」爲因。「所作」原是有法「聲」所具的義，是宗法，故有證明的能力。設以「眼所見故」爲因，聲音不是眼睛所能見的，「聲」上不有「眼所見」義，故「眼所見」不是宗法。眼所見的雖都是無常，然聲音旣非眼所見，何能因以斷定其亦爲無常！這樣的因，旣不能證明聲之爲無常，亦不能證明聲之爲常住，完全沒有證明的能力。故凡非宗法的，不得爲因。宗中後陳「無常」亦是有法「聲」的法，在理亦可稱爲宗法。爲了分別起見，論文稱宗中所說及的宗法爲所立法，稱因中所說及的宗法爲能立法。因爲從因與宗的關係上講，因是能立，宗是所立。故就本論所用實例而言，「無常」是所立法，「所作」是能立法。

偏，是周偏的意思。單說因是宗法，猶嫌說得不够周密，故又加上一個偏字，說偏是宗法。體與義兩者間的關係，站在體的一邊立說，因明用一個有字來表示，謂體有義，義爲體所有，站在義的一邊立說，因明用一個依字或轉字來表示，謂義依於體或轉於體，體爲義所依或所轉。今言「偏是宗法」，是站在義的一邊立說，意謂因於有法應當偏依偏轉，不可有一處漏而不依不轉。反過來站在體的一邊立說，偏是宗法，意卽有法須周偏地具有此義，不可有一分是例外。宗法與偏，連其矛盾概念非宗法與不偏，互相配合，可以合成四種：（一）是宗法而偏，（二）是宗法而不偏，（三）不是宗法而偏，（四）不是宗法而不偏。第三種是事實上不可能有的。因爲此處所說的偏，係專就其是宗法一事而說，旣不是宗法，便無從偏起。第四種是當然的，因爲旣不是宗法，當然更不會偏是宗法。例如聲音不是眼睛所能見的，所以「眼所見」不能爲「聲」的法，亦卽不能依轉於「聲」，當然更談不到偏。第一種旣是宗法，又是偏，如「所作」之於「聲」。宗中有法所說的，是一切聲，而一切聲盡是所作的，絕無例外，故「所作」於「聲」，是周偏依轉的。第二種，如「咽喉所發」之於「聲」，宗中有法所說的，是一切聲，但一切聲中，只有一部分，如人與獸的呼叫聲與說話聲，是咽喉所發，其餘的聲音，如風聲，如水聲，都不是咽喉所發。故若以「咽喉所發」爲因，以其在一部分聲上轉，誠是宗法，但以其未在全部聲上轉，不能謂爲徧。不徧的宗法，不得爲正因。其所以不得爲正因，因爲宗中所說的，是一切聲，因所當證明的，是一切聲之爲無常。而咽喉所發，只是一部分聲音所有的性質，不是全部聲音所有的性質。咽喉所發的，誠然必是無常的，但若以「咽喉所發」爲因，其所能證明的，只是咽喉所發的那一部分聲音之爲無常，至於其餘不是咽喉所發的那一部分聲音之是否無常，則非此因所能證明。就不是咽喉所發的那部分聲音而論，「咽喉所發」本不是宗法，既不是宗法，當然不能爲因。

徧是宗法性，是因的第一相，是正因的第一個條件，必須首先達成。但理則學講小前提時，並未設有同樣的規則。因明之所以設此規則與理則學之所以不設此規則，可以分就「是宗法」與「徧」兩部分來說明。先就「是宗法」一點而論，因明之所以必須說此與理則學之所以不必說此，其主要原因在於語句結構上的不同。因明的因支是理則學的小前提，因明的有法是理則學上的小詞。理則學上的小前提是小詞與中詞所構成，小詞或爲主詞，或爲謂詞。依照西洋的通常語法，當其爲主詞時，一定明白說出，不會因其在前句中已經說及而予以省略，當其爲謂詞時，亦復如此。所以因明的三支作法若改爲理則學的三段論法，其小前提應爲「聲是所作」，不會把其中的小詞「聲」略而不說，旣說「聲是所作」，已明示「聲」與「所作」間的關係，已明示「所作」是「聲」的法，用不到再設一條規則以規定因之必須爲宗法。因明的因支只說「所作性故」。「所作性」是理則學上的中詞。因支只舉中詞，其小詞「聲」，則因爲在前面的宗中已經說及，遂略而不說。省略小詞的小前提，在字面上未能使人一目了然於小詞與中詞間的關係，爲了防範有人作不合理的誤解，以爲「所作」不一定要是「聲」所具的性能，於是特設此一規則以規定「所作」必須是有法「聲」的法。就中國語法而論，此一規定似亦有其必要。在中國的語文中，小前提中的小詞雖不一定省略，但亦不一定明白說出。如「士不可以不弘毅，任重而道遠」（論語泰伯），「士不可以不弘毅」是宗，「任重而道遠」是因。在此一因支中，亦只把中詞「任重而道遠」明白說出，其小詞「士」亦因在前面的宗中已經說及，遂略而不說，與「所作性故」的形式相同。故亦當適用因明的規則，必須「任重而道遠」確是宗法，始能證明士的不可以不弘毅。

次就「偏」這一點來說。理則學旣未設有「是宗法」那樣的規則，當然用不到講偏與不偏。但理則學上另有規則，與因明的說「偏」，其理正同。理則學規定：小詞在小前提中未周偏的，不得於結論中轉爲周偏，其用意在於不許結論中小詞的範圍超越前提中小詞的範圍。小詞在前提中涉及其全範圍，在結論中始可涉及全範圍，在前提中若只涉及其一部分範圍，在結論中亦只許涉及一部分範圍，不得涉及全範圍。因明說「徧」，其用意亦如是，不過說法不同。理則學在結論中，卽在宗支中，限制其小詞範圍超越前提小詞所涉及的範圍，因明則在因支中，亦卽在小前提中，要求其小詞的範圍不得狹於結論中小詞所涉及的範圍。因支中小詞的範圍不狹於宗支中小詞的範圍，反過來說，就是結論中小詞的範圍不超越前提中小詞的範圍。所以因明與理則學所說，其結果完全相同。在用不徧的宗法爲因時，例如欲以「咽喉所發」證明「聲是無常」時，理則學與因明的說法又不相同，但其理依然相通。理則學設有特稱判斷，只要在前提與結論中的小詞上各加上量的限制，說：「有些聲音是咽喉所發，所以有些聲音是無常的」，便不違反規則而可成立。因明沒有關於判斷的總論，沒有說到判斷的量，故亦沒有說及全稱與特稱的分別，照因明宗支的形式看來，似乎盡是全稱判斷，未見有特稱判斷。然則以特稱判斷爲結論的推理，如「有些聲音是咽喉所發，所以有些聲音是無常的」，因明似乎無法許其成立了。此亦不盡然，因明得經由其他途徑使其成立。因明對於有法的範圍，雖沒有用數量的形容詞來加以限制的例，但得用性質的形容詞來加以限制。如卽上例而言，可改作「呼叫聲是無常，咽喉所發故」。一經如此改作，有法「聲」的範圍旣已縮小，「咽喉所發故」因便徧是宗法，第一相亦隨以完成了。所以因明雖不設特稱判斷，而理則學所許的以特稱判斷爲結論的推理，還是可以許其成立。只不過在形式上將其特稱的結論改成全稱的宗支而已。

因的徧是宗法，必須是立敵所共許的，詳言之，必須立敵既共許其爲宗法，又共許其爲徧是。假若立者許其爲宗法而敵者不許，以之爲因，根本上不能有證明宗的力量。假若立敵雖共許其爲宗法，僅立者許其爲徧是而敵者不許，只能證明宗有法的一部分具有能別中所說的性能，不能證明宗有法的全部都具有此一性能。試爲設例，以助說明。我國古來的學者，關於人性善惡的問題，有多種學說。有人主張：人性是善的，有人主張：人性是惡的。又有人主張：人性是有善有惡的。今假性善論者對性惡論者立論道：「人性是應當予以發揚的，是善故」。此因在立者看來，固是宗法，在敵者看來，却不是宗法。善的，誠然應當予以發揚，誠是一條正確的原則，但敵者既根本否認人性之爲善，不許「善」爲「人性」的法，則此原則無從適用，立者所說，亦無從發生開悟敵者的功效。所以因之爲宗法，必須立敵共許。又假性善論者對人性有善有惡論者說此宗與因，則立敵雖共許此因爲宗法，但未能共許其爲徧是。因爲敵者只許人性之中有一部分是善，未許其全部是善，亦即只許「善」於「人性」一部分上轉，未許其在全部上轉。所以立者此因，在敵者看來，只能證明一部分人性之應予發揚，不能證明全部人性之應予發揚，亦不能收穫開悟的全功。所以徧是宗法的「徧」，亦必須是立敵共許的。

因是宗法，能別是有法的法，故亦未嘗不是宗法。二者雖同可稱爲宗法，但在共許與不共許上，却正相反。因之爲宗法，必須爲立敵所共許，能別之爲宗法，則應爲立敵所不共許。宗體必須違他順自。所謂違他順自，卽言能別之於有法上轉，只應是立者所獨許，不應是敵者所同許。所以這兩種宗法，大有分別。論文稱因中的宗法爲能立法，稱宗中的宗法爲所立法，尙只說出了這兩種宗法所居位置與所具作用的不同。因明學家爲了更深一層表示其分別起見，設有數種名稱，如共有法與不共有法，共許法與不共許法，極成法與不極成法。因是共有法、共許法、極成法，能別是不共有法、不共許法、不極成法。共有、共許、極成、三者異名而同實。論文於說宗時，曾說：「極成能別」，則能別必須極成，今稱能別爲不極成法，則能別應當是不極成的。兩相對照，不無牴觸之嫌。實則不極成法一名與論文的「極成能別」，是不相牴觸的。極成，原是立敵共許的意思，但立敵所共許的，不止一事，可以是體與義的實有，亦可以是義在體上的依轉。爲了分別起見，立敵之共許體義爲實有，不妨稱爲體義極成或實有極成，立敵之共許某義於某體上依轉，不妨稱爲依轉極成。論文「極成能別」的極成，係指體義極成或實有極成而言，不極成法一名中的極成，係指依轉極成而言。能別而不爲立敵共許其實有，則不能充宗依，能別而爲立敵共許其於有法上轉，則宗體不能違他。所以自實有極成而言，能別必須極成，自依轉極成而言，能別必須不極成。其兼爲極成與不極成，是分就兩種不同的極成說的。能立法亦必須是兩俱有義，卽必須是立敵共許其爲實有。若立敵共不許或不共許其爲實有而爲兩俱無義或隨一無義，便不得用以爲因。凡屬無義，不是實有其事，自不能爲有法所有，不能於有法上依轉。故若是兩俱無義，立敵一定共不許其爲宗法，若是隨一無義，立敵必有一方不許其爲宗法，亦卽不共許其爲宗法。所以依轉極成必以實有極成爲先決條件，共許其爲實有，然後纔會共許其依轉，不共許其實有，不會共許其依轉。所以說到依轉極成，必已寓有實有極成之義。所以能立法之爲極成法，兼攝實有極成與依轉極成兩種極成，能別之爲不極成法，只否定依轉極成，並不同時否定實有極成。

宗義一分爲因，是因明所不許的。所謂宗義一分爲因者，卽言取宗中的一部分爲因。例如立「聲是無常」宗，取其有法爲因，說「是聲故」，或取其能別爲因，說「是無常故」。這樣的因，從常識看來，已覺其太沒有意義。「是聲故」，易爲小前提的形式，則成「聲是聲」，聲音誠然一定是聲音，確已完成了徧是宗法這一條件，但對於聲音之爲無常，絲毫沒有提供理由。「是無常故」，易爲小前提的形式，則成「聲是無常」，不過把宗支重說一遍，別無新義可言。欲證明宗體，必須在宗支所說的義理以外，別覓理由。今以有法或能別爲因，仍不出宗支所說的義理範圍，實際上等於沒有理由，亦卽等於沒有因。沒有因，如何能證明宗體！宗義一分爲因，亦不是理則學所能許的。依照理則學所說，欲確定兩個概念間的關係，必須有一個第三概念爲之媒介。所以理則學上有一條規則：三段論法必須由三個概念所構成，不得多，亦不得少。媒介概念卽是中詞，亦卽是因。今若以有法或能別爲因，便缺少了媒介概念，而論式中亦因此只有兩個概念，不合理則學的規定了。

因明之所以不許宗義一分爲因，還有其獨特的理由。先說有法之所以不能爲因。在因明看來，有法的範圍必須狹於能立法的範圍，不可相等。今以有法爲因，有法與能立法同屬一事，兩者的範圍不能不相等，亦卽有法的範圍無從狹於能立法的範圍了。所以有法是決不可用以爲因的。至於爲什麼有法的範圍必須狹於能立法的範圍，且俟下文再說。次說能別之所以不能爲因。能別，如上已述，是不極成法，其依轉有法，只是立者所許而不是敵者所許的。能立法必須是極成法，其依轉有法，必須是立敵共許的。今以能別爲因，是以不極成法充極成法，不合徧是宗法性這一條件。所以能別亦決不能用以爲因。

以上旣釋第一相徧是宗法性，依論文次第，應當接下去解釋第二相同品定有性與第三相異品徧無性。但爲解釋方便起見，必須在解釋同品定有性與異品徧無性之前，先將同品與異品的意義說個明白。所以現在變更論文的次第，先釋同品與異品。

「云何名爲同品異品？謂所立法均等義品，說名同品。如立無常，瓶等無常，是名同品」，是本節中的第五段。其上半段「謂所立法均等義品，說名同品」，說明同品的意義，其下半段「如立無常，瓶等無常，是名同品」，擧示同品的實例。所立法指宗中的能別，如立「聲是無常」宗，「無常」卽是所立法。「均等義品」四字，大疏解釋道：「均謂齊均，等謂相似，義謂義理，品爲種類」。故所謂「所立法均等義品」，卽言與能別具有均等意義的種類。如立「聲是無常」宗，「無常」是所立法，瓶等亦具有這所立法內所說的無常性，所以叫做同品。「瓶等」的等字，是外等，等取瓶以外一切無常的事物。同品有時亦指因的同品，如論於下文說同喻時，用有因同品一名。因明學家爲了分別起見，將同品分爲二種：一爲宗同品，二爲因同品。此處所說，專指宗同品。現在爲了使同品二字的意義益臻明顯，把同字與品字分別詳說。

講到同與異，必須有同異的判別標準，方能把同與異分得淸楚。若沒有一定的標準而漫言同異，則同者可以說成異，異者可以說成同，同與異是沒法分淸楚的。同與異，總是就兩件事物的比較上說的。任何兩件事物，沒有完全相同的，亦沒有完全相異的。所以在任何兩件事物上，想找些同點，一定可以找出來，想找些異點，亦一定可以找出來。故若在大處着眼，一切事物都可以說是相同的，反之，若在小處着眼，一切事物都可以說是相異的。例如你與我都是中國人，着眼於此一點來看，我們是相同的。我們中國人與外國人，都是人，所以中國人與外國人亦是相同的。更推而遠之，人與牛馬都是動物，人與草木都是生物，着眼於有生這一點來看，人與牛馬草木，不能不謂爲相同。人與沙土，誠然相去甚遠，然而都是有形之物，都是宇宙的構成分子，都可爲思想的對象，有着這許多同點，又怎能否定其相同！所以越在大處着眼，越可以看見萬物的相同。但若把眼光從大處逐漸移向小處，則在着眼大處所認爲相同的事物，又一一變成相異了。人是有生命的，沙土沒有生命，人與沙土當然有異。草木生根於泥土之中，不能行動，人不如此，人有言語，有文化，而牛馬沒有這些珍貴的東西，所以人與植物動物當然亦不相同。中國人與外國人，膚色骨骼不同，言語文字不同，乃至風俗習慣亦有不同，其差異甚大。同爲中國人，又有男女，老少，智愚等的分別，亦大有不同之點。從這些不同之點來看，你與我又是相異的。所以越在小處着眼，越可以看見萬物的相異。世間一切事物，從某一方面看，莫不相同，從另一方面看，又莫不相異。所以任何兩件事物，欲說其爲同，儘有理由可以證明其爲同，欲說其爲異，亦儘有理由可以證明其爲異。任何兩件事物，既可謂之爲同，同時又可謂之爲異，然則同與異竟是無可分別嗎？此亦不然。謂你與我相同，是着眼於同爲中國人一點上說的，亦卽以中國人爲標準所論定的。謂你與我相異，是着眼於男女或老少或智愚的分別上說的，亦卽以智愚等爲標準所論定的。同是你與我二人，其所以既可謂爲同又可謂爲異，出於所依以判別的標準互不相同。若用同一標準來判別，便不能如此又同又異了。試以中國人爲標準，則你與我只能謂爲相同，不能謂爲相異，改以老少或智愚爲標準，則你與我又只能謂爲相異，不能謂爲相同。所以在同一標準下，同者始終是同，不能變成異，異者始終是異，不能變成同。所以標準是辨別同異時所不可忽視的，一定要認定了標準，纔可以說同說異，否則是沒有什麼意義的。

佛教立「聲是無常」宗，以「瓶等」爲同品。有些詭辯家利用同異判別標準之不止一種，把瓶說成異品，以資反駁。他們說：瓶是可燒可見的，聲是不可燒不可見的，所以瓶是異品，不是同品。瓶，亦是所作的，但瓶既是異品而又是所作，可見異品不徧無。異品既不徧無，怎能證明聲之必爲無常！其所以能把同品說成異品，因其所用的同異判別標準，與原立論者所用的不同。故在說明同品的意義時，必須舉示所依以稱之爲同的判別標準，標準一經確定，同品便一定是同品，不復能曲解爲異品。論文「謂所立法均等義品」，明示以所立法爲同異的判別標準。論文此處所說的同品，係專指宗同品而言，故以所立法爲標準，若說因同品，當然要另覓標準。提示了宗同品的標準，於是同異分明，不復有混雜之虞。立「聲是無常」宗時，「無常」是所立法，只要是具有此所立法的事物，便是同品，不應顧及該事物所具的其他性能如何。瓶等是無常的，具有所立法，所以是同品。至於瓶之有可燒可見等性質，與當前的所立法無關，不應當顧及，不應當據以判別同異。論文「如立無常，瓶等無常，是名同品」，正表示着所立法爲「無常」時，只因瓶等具有無常性，纔稱之爲同品，此外別無其他理由。故若不立「聲是無常」宗而立「聲是不可見」宗，瓶便不是同品了。因爲在此宗中，所立法是「不可見」，而瓶是可見的，因其不具有所立法中所說的義，不復能是同品。當所立法爲「無常」時，瓶一定是同品，不可能是異品，當所立法爲「不可見」時，瓶一定是異品，不可能是同品。故所謂同品者，是某一確定標準下的同品，不是漫無羈束的同品。標準確立了，在該標準下是同品的，始終是同品，是異品的，始終是異品，同品與異品的分別，清楚而固定，決無轉變的可能。因明明確規定，以所立法爲宗同異品的判別標準，於是一切詭辯的說法便無所施其技了。

次說品字。品，是種類的意思，而種類可以有義類與體類的分別。此云體與義，即指宗依中所說體義而言。體是具有某種性能的事物，例如聲與瓶，義是事物所具的性能，例如無常。現在說宗同品，究取義類呢，還是取體類？具體言之，即所謂宗同品者，指瓶等上的無常義類而說的呢，還是指瓶等體類而說？關於此點，因明學者之間，不無異見。論文「瓶等無常，是名同品」中的「瓶等無常」，若解作瓶等上的無常，則同品的品字所指的，是無常義類，若解作瓶等有無常性，則同品的品字所指的，是瓶等體類。依理說來，義類應當是同品之所以爲同品的主要因素。立「聲是無常」宗時，瓶等之所以爲宗同品，因其具有無常這種性質，並不因其具有可燒可見等性質，亦即不因其具有瓶性。其他事物，如盆如燈，並未具有瓶性，只因其具有無常性，亦成爲宗同品。且若立「聲是不可見」宗，瓶雖仍具有瓶性，只因其未具不可見性，便失其爲宗同品了。由此可見：品之所以稱同，緣其具有所立法的均等義，而與其是瓶與否無關。故所謂宗同品，應取瓶等體上的無常義。更進一步言之，應當取無常義爲宗同品，可不問其在瓶上或在盆上或在燈上，因爲瓶等體原是無關宗同品之所以爲同的。但義是性能，不能獨立存在，一定要依附於體。例如無常，總依附在瓶上或盆上，離開了瓶盆等體，便無從存在。故欲顯示無常義，必須舉示瓶等體，不舉瓶等體，無以見無常義。故謂瓶等爲宗同品，未嘗不可說：只是爲了顯義，纔舉及其體。但同品定有性與異品徧無性，如下將述，等於理則學上的歸納作用，廣搜宗同品與宗異品爲資料，歸納以求普徧原則。所謂歸納以求普徧原則，不是單說無常一義，乃欲於無常與他義之間定其關係。瓶盆等體，於具有無常義外，又具有他義，例如所作性。故必舉瓶等體爲宗同品，方足以見其定有所作性與否。由此說來，從同品之所以爲同看來，雖應當取義類，從同品在歸納中的功用看來，又不能不兼取體類了。故因明說宗同品，有時專取義類，有時兼取體與義。如論於下文說同喻道：「謂若所作，見彼無常，譬如瓶等」，其言「見彼無常」，可謂專取義類的宗同品，其言「譬如瓶等」，可說是兼取體與義的宗同品，不過因明講到宗同品時，大抵說其在歸納中的功用，故兼取體與義的例，多於專取義的例。故從多數而論，宗同品可說是具有所立法義類的體類。

宗同品亦必須是立敵共許的。此云共許，亦涵有兩層意義，第一層共許其體爲實有，第二層共許其體具有所立法中所說的義，反過來講，亦卽共許所立法於其體上依轉。所以宗同品必須達到兩種極成，卽實有極成與依轉極成。如佛教對聲生論立「聲是無常」宗，以瓶等爲宗同品，瓶是立敵所共許其爲實有的，亦是立敵所共許其具有無常義的。這樣立敵共許的同品，爲了與立敵不共許的同品分別起見，稱爲共同品。共比量中所用的宗同品，必須是共同品。立敵不共許的同品，其爲立者所許而敵者所不許的，稱之爲自同品，其爲立者所不許而爲敵者所許的，稱之爲他同品。比量中用了自同品，便成自比量，用了他同品，便成他比量，不復能是共比量。自同品，或是兩俱有體，而只自許其具有所立法中所說的義，或是自有他無體，既自許其實有，又自許其爲所立法所依轉。例如性善論者對性惡論者立「成人有善性」宗，以兒童爲宗同品，敵者雖亦許兒童的實有，但不許其具有善良的天性。這樣的自同品是兩俱有體，立者只須自許其具有所立法中所說的義。再如科學家對鄉愚立宗云：「海綿是動物」，以變形蟲爲宗同品，敵者既不許變形蟲的實有，自更不許變形蟲之爲動物。這樣的自同品，是自有他無體，立者既須自許其爲實有，又須自許其爲所立法所依轉。所以自同品之中，有的只需一層自許，有的則需兩層自許。他同品所不同於自同品的，僅在於許者的身份有所不同，其餘情形並無殊異，可比照自同品推知其詳，無庸贅述。

關於宗同品，還有一件應當注意的事情，卽是除宗有法。所謂除宗有法，卽言只可取宗中所不說及的事物作爲宗同品，不得把宗中的有法亦置入宗同品之列。如立「聲是無常」宗，照宗同品的意義講，凡具有無常性的事物，都是宗同品，聲音亦具有無常性，則聲音亦應當是宗同品。但因明不許，一定要將其剔除。因明之所以主張除宗有法，有其正當的道理。宗體必須違他順自，當立宗之時，聲音之具有無常義，只是立者所獨許，不爲敵者所同許。必待立者舉因與喩來證明以後，敵者纔了悟聲音之爲無常。故於舉因證宗的中途，在立者看來，聲音是宗同品，在敵者看來，聲音只是宗異品，不能算是宗同品。自許他不許，所以聲音只是自同品，不是共同品。宗中有法既只是自同品，作共比量時，自不應當列入宗同品之內。因明宗同品之除宗有法，除了宗有法爲自同品外，還有其他重要的意義。宗同品是用以充歸納資料的，根據這些資料，求出一條普徧原則，用以證明宗體。今若以宗中有法爲宗同品，用作歸納資料，復用此上所求得的普徧原理，回過頭來證明宗有法之有所立法，豈不成了循環論證。卽使宗有法以外，尚有許多別的宗同品共同證明其原理，仍不免有一部分循環論證的嫌疑。因明在宗同品中剔除了宗有法，循環論證的嫌疑可以一掃而空了。在自比量與他比量中，自同品或他同品原是可以列入宗同品之內的，但宗中有法，爲了免除循環論證的嫌疑，依然不可以充歸納資料。故不論何種比量，宗的有法均須剔除於宗同品之外。

以上旣說宗同品，此下當說因同品。因同品，望文生義，已可知其爲因的同品，說得明確一點，可做論文釋宗同品的文字，釋爲能立法的均等義品。故因同品之異於宗同品，僅在於其所同者是能立法而不是所立法。如立「聲是無常」宗，以「所作性故」爲因，「所作性」是能立法，故凡具有所作性的事物，如瓶、如盆，都是因同品。因同品亦有義類與體類的分別，因明有時取義類，有時兼取義與體，其理與宗同品相同。因同品有共同品自同品他同品的分別，共比量中必須用共同品，亦與宗同品相同。能立法是共許法，立敵共許其爲宗中有法所有，故宗中有法應當是共同品。旣是共同品，依理應當列入因同品之內，不應予以剔除。但因同品亦是歸納資料，用以求其與宗同品間的關係，宗同品既剔除宗有法，則因同品內縱將其列入，亦不能發揮任何效用，所以因同品內亦除宗有法。

「異品者，謂於是處無其所立。若有是常，見非所作，如虛空等」，是本節的第六段。其上半段「異品者，謂於是處無其所立」，說明宗異品的意義，其下半段「若有是常，見非所作，如虛空等」，舉示宗異品的實例。「是處」指品，「所立」是所立法的簡稱。故「異品者，謂於是處無其所立」，意即宗異品是不具有所立法的，亦即凡事物不具有所立法中所說的義的，都是宗異品。如立「聲是無常」宗，「無常」是所立法，虛空等不具有無常性，故是宗異品。「虛空等」的等字，亦是外等，等取虛空以外一切不具有無常性的事物。異品亦有宗異品與因異品的分別。論文雖泛稱「異品」，既言「謂於是處無其所立」，當指宗異品而言。不過論文於舉實例時，說：「若有是常，見非所作」，則於宗異品外，亦說及因異品了。「若有是常」，意卽不具有無常性，亦卽不具有所立法，所說是宗異品。「非所作」，意卽不具有所作性，亦卽不具有能立法，所說不是宗異品而是因異品了。「非所作」上又用有一個見字，表示在「是常」的事物上可以見到非所作，亦卽在宗異品上可以見到因異品，則不但說到因異品，且已說及異品徧無性了。宗異品有義類與體類的分別。因明有時專取義類，有時兼取義與體，都與宗同品相同。論言「若有是常」，專取義類，「如虛空等」，則兼取義與體。

論文「無其所立」的無字，於認明宗異品的異字上，有其重大的意義。古來的因明學家解釋異品時，有把異字解作「相違」的，有把異字解作「別異」的。這些解釋，都不切當，都容易發生流弊。論文用一無字，表示異字不是相違的意思，亦不是別異的意思。

先說解作「相違」的不切當及其流弊。相違，是互相違反的意思。舉例言之，如苦與樂，如明與暗，如冷與熱，如大與小，各相違反。若把異字解作相違，則苦與樂等各互爲異品，苦是樂的異品，反過來說，樂又是苦的異品，明與暗，冷與熱，大與小，亦都如是。依照此一解釋，則異品卽是理則學所說的反對概念。反對概念處於兩極端，其間可以有中容的品。如苦與樂之間，可以有不苦不樂的中容品，明與暗之間，可以有不明不暗的中容品，冷與熱或大與小之間，可以有不冷不熱或不大不小的中容品。這些中容品，因明學家稱之爲第三品。今假以「冷」爲所立法，溫的飲料既不是冷，當然不能歸入宗同品，又不是熱，當然亦不能歸入宗異品，豈不要形成一種第三品！因明只設同異二品，不許有第三品的存在。因爲因明之設宗同品與宗異品，原以供歸納的用途，且因明的歸納方法，是從所立法以觀能立法，故只可設同異二品，方能令其所求得的原理正確無誤。若容許第三品介入，有了攪亂的因子，所求得的原理便不易正確。故以「相違」解釋宗異品的異字，既不切當，又有流幣，是不足取的。

次說以「別異」解釋異字的不切當及其流幣。所謂別異，卽言與所立法的涵義不相同。如立「聲是無常」宗，「可見」或「有質礙」，與「無常」的意義不相同，依此解釋，應當歸入異品。就義類而言，如此分別，雖尙淸楚，但因明說宗異品，與宗同品同樣，偏重於兼取義與體。就體類而論，以別異釋異，便不免發生疑問，且易啓詭辯的機會。例如瓶與盆，因爲具有無常性，其爲宗同品，原是沒有疑義的。但瓶與盆，除了具有無常性以外，亦具有可見性與有質礙性，而可見性與有質礙性是異品，然則瓶與盆亦可歸入宗異品了。於是瓶與盆，究爲宗同品抑爲宗異品，便不免構成一個可以爭論的問題，而詭辯家亦得藉以把宗同品說成宗異品了。卽使純就義類而言，此一解釋亦不能謂爲切當，因爲有許多正因將被此一解釋曲解爲非正因。例如立宗云：「室內光明」，因云「有陽光故」，此因本是正因。「光明」是所立法，而溫暖與光明有別，若以別異解釋異品之異字，則「溫暖」應當是宗異品。試更進而問室中何故溫暖，則陽光的照入亦不失爲其一因。我們亦可根據室中之有陽光，以論定其溫暖。因明所云異品徧無性，是禁止能立法依轉於宗異品的一條規定，違此規定，便非正因。若釋「溫暖」爲宗異品，而「有陽光故」因確又依轉其上，則宗異品不是徧無，而此因不得爲「室中光明」宗的正因了。此一解釋，使正因轉成非正因，未免有背於理。故以別異解釋宗異品的異字，亦是不足取的。

以相違釋異與以別異釋異，均不切當，論文用無字來解釋異字，可使前兩解釋所能引起的困難與流弊一掃而空。只要是沒有所立法的，便是宗異品，其餘可以一概置之不論，於是第三品便無從存在，宗同品與宗異品便無從混淆，正因亦不致轉成非正因了。論以有所立法的爲宗同品，以沒有所立法的爲宗異品，以所立法的有無分別同異。故論所說的宗同品與宗異品，用理則學上的術語來說，是兩個矛盾概念，一肯定而一否定，其中的否定概念卽否定那肯定概念之所肯定的。相違之間可以容中，矛盾之間是不能容中的。如冷與熱，是相違，是反對。以「冷」爲所立法時，若採相違爲異的說法，只有「熱」是相違的，纔可算是宗異品。至於冷熱之間的中容品，如溫水，既不冷，又不熱，自不能與熱的事物同爲宗異品，便將於宗同品與宗異品之外，形成第三品。今以無所立法爲宗異品，以宗異品爲宗同品的矛盾概念，則「冷」爲所立法時，其矛盾概念是「不冷」，不是「熱」，熱的物體不冷，固應歸入宗異品，溫的物體雖不熱，但亦不冷，故亦應歸入宗異品。只要是不冷的，不論其爲溫或爲熱，統統歸入宗異品，便沒有第三品存在的餘地。又如立「室中光明」宗，以「有陽光故」爲因，若採別異爲異的說法，則「溫暖」亦成宗異品，而正因「有陽光故」將轉成非正因。今以宗異品爲宗同品的矛盾概念，則只要不有光明的，卽歸入宗異品，至於溫暖與否，以其與所立法的有無不發生關係，無須顧及。物體既溫暖而又光明的，只取其有光明性一點，歸入宗同品，物體雖溫暖而不光明的，只取其無光明一點，歸入宗異品。如此，則宗同品與宗異品無從混淆，而正因亦不致轉成非正因了。就「聲是無常」宗而言，亦復如此。世間一切事物，不是無常的，便是非無常的。故以所立法的有無爲同異的判別標準，一切事物，不屬於同，必屬於異，決不會有一件事物能逃避至宗同品與宗異品之外。理則學家說：兩個矛盾概念相加，可以攝盡一切。宗同品與宗異品合起來，亦可攝盡世間一切事物，不會有所剩餘。如此說法，或不免有人提出疑問：如立「草青」宗，思想感情等心理作用，是光所不照眼所不見的，本來沒有顏色之可言，更說不上是青與非青。這樣的事物，似乎應當是非同非異的第三品了。但在因明看來，却不如此。思想或感情，旣無顏色可言，當然不會具有青那樣的性質。旣不具有所立法，自應歸入宗異品。因明這種說法，與理則學完全相同。

宗異品亦有共異品自異品與他異品的分別，共比量必須用共異品。共異品是立敵共許其不具有所立法中所說的義。共異品的共字與共同品的共字，在立敵同許的一點上，其義相同，在所許內容的一點上，其義不相同。共同品中所共許的，計有兩層；一爲共許實有，二爲共許依轉。共異品中所共許的，只有一層，且所許與共同品中所許的，恰正相反。共異品不必共許其體爲實有，因爲不論有體無體，都有用作共異品的可能，不像共同品那樣必須是兩俱有體。兩俱有體而又爲立敵共許其不具有所立法，固是共異品，兩俱無體則一定是共異品，用不到作更進一步的探求。因爲兩俱無體是立敵共許其爲不實有的，旣非實有，一定不會具有任何性能，當然亦不會具有所立法。例如龜毛與兔角是兩俱無體，在立「聲是無常」宗時，以其不能具有無常性，故是共異品，設改宗爲「聲是常」，以其不能具有常住性，還是共異品。兩俱無體既可用作共異品，故共異品不須有共同品第一層的共許實有。共同品的第二層是共許依轉，而共異品所須共許的，却是共許所立法的不依轉，正與相反。事物之具有所立法，若爲敵者所許而爲立者所不許，則成自異品，故自異品卽是他同品，反之，若爲立者所許而爲敵者所不許，則成他異品，故他異品卽是自同品。比量中不得已而用及自異品或他異品，便不復是共比量，只能算是自比量或他比量了。

宗異品中亦須除宗有法。因爲在舉因證宗的時候，宗中有法不過是他異品，並不是共異品，故不能爲共比量的宗異品。如立「聲是無常」宗，在敵者未了悟此一正理以前，聲音亦只是自同他異品。此一他異品若不剔除，則任何正因都將失其爲正因。因之徧是宗法，是立敵共許的。宗中有法若列入宗異品之中，便至少有一小部分的宗異品爲能立法所依轉而不是異品徧無了。如立「聲是無常」宗，以「所作性故」爲因，聲音之無一不具有所作性，是立敵共許的。今若以聲音列入宗異品之中，則至少此一部分的宗異品是所作的，於是所作的不一定是無常，而所作性便無力證明無常性了。故宗異品若不除宗有法，將使敵者獲得一種便利，只要取宗有法爲例，卽足以使立者的證明歸於無效。不過如此返破，亦是一種循環論證。宗同品中旣除宗有法以避免循環論證的弊病，宗異品中自亦應當同樣剔除，以期論辯精確而公允。

因異品是因的異品，卽是不具有能立法的種類。如以「所作性故」爲因時，只要是不具有所作性的事物，如虛空等，便是因異品。因異品的有時專取義類，有時兼取義與體，與宗異品同。因異品有共異品自異品與他異品的分別，在共比量中必須用共異品，亦與宗異品同。宗異品中除宗有法，因異品中亦聯帶地除宗有法，其理又與因同品相同。

「同品定有性，異品徧無性」，是本節的第三段與第四段，分說因的第二相與第三相。此二相互有關聯，故合在一起解釋。此中所說的同品與異品，係指宗同品與宗異品而言，非指因同品與因異品。所云「有」，與有法的有字同義。講到有，一定一方面有能有的體，他方面有所有的義，講到無，亦復如是。「同品定有性，異品徧無性」，只說出了能有者之爲宗同品與能無者之爲宗異品，至其所有的與所無的之爲何事，則略而未說。依下文看來，所有與所無，都係指能立法而言。故「同品定有」，卽言宗同品定有能立法，「異品徧無」，卽言宗異品徧無能立法。爲什麼一用定字一用徧字，俟下再釋。在詳釋此第二相與第三相之前，應當先把九句因說一說。九句因與徧是宗法性同爲判別正因與似因的標準，同品定有性與異品徧無性卽以九句因爲基礎而加以簡單化的。其所以稱爲九句因者，卽言從宗同品望因，其有因無因的情形，計有三種：一爲全部有因，二爲全部無因，三爲一部分有因一部分無因，從宗異品望因，亦同樣有此三種，三三相乘，共得九種。這九句因之中，只有二句是正因，其餘七句都是似因。現在先把九句因的名稱開列於下，然後依次說明其所以正與所以似的道理。

(一)同品有異品有…………似因
(二)同品有異品非有…………正因
(三)同品有異品有非有…………似因
(四)同品非有異品有…………似因
(五)同品非有異品非有…………似因
(六)同品非有異品有非有…………似因
(七)同品有非有異品有…………似因
(八)同品有非有異品非有…………正因
(九)同品有非有異品有非有…………似因

九句因中所說的同品與異品，亦指宗同品與宗異品而言。「同品有」，謂全部宗同品均具有能立法中所說的義，「同品非有」，謂全部宗同品都不具有能立法，「同品有非有」，謂宗同品之中，有一部分具有能立法，另一部分不具有能立法。「異品有」，「異品非有」，「異品有非有」，其所有與所非有的，亦是能立法，「有」亦是全有的意思，「非有」亦是全無的意思，「有非有」亦是一部分有一部分不有的意思。現在採用大疏中所舉的例，一一說明如下。

第一句同品有異品有，如聲論對佛家立「聲是常」宗，以「所量性故」爲因。「量」

是思量的意思。「所量」是思想對象的意思。「常」是所立法，「所量」是能立法。故凡具有常性的，如虛空，是宗同品，凡不具有常性的，如瓶，是宗異品。虛空及其他具有常性的事物，無一不可爲思想對象，故同品有。瓶及其他不具有常性的事物，亦無一不可爲思想對象，甚至兩俱無體，如龜毛，亦可爲我們所思量，故異品有。常住的都是思想對象，從此一點看，聲音既爲思想對象，亦可如虛空那樣是常住的。無常的亦都是思想對象，從此一點看，聲音又可像瓶等那樣是無常的。宗同品全有此因，宗異品亦全有此因，此因通宗同品與宗異品，具體言之，卽思想對象中，含有兩類：一類是常住的事物，另一類是無常的事物。「所量性故」，因其徧是宗法，已將聲音納入了思想對象的大範圍之內，但究應歸入那一個小範圍，常住類抑或無常類，則未能有所決定。此因太寬，不能證明聲音之爲常住，亦不能證明聲音之爲無常。故是似因。此一比量，爲之補充大前提而改作理則學上的三段論法，其論式應爲：一切思想對象都是常住的，聲音是思想對象，所以聲音是常住的。這樣的三段論法，當然亦是有過失的。不過其過失不在推理形式的不合規則，而在大前提實質的不合事理。

第二句同品有異品非有，如佛家對聲生論立「聲是無常」宗，以「所作性故」爲因。「無常」是所立法，「所作」是能立法。故凡具有無常性的，如瓶，是宗同品，凡不具有無常性的，如虛空，是宗異品。瓶等具有無常性的事物，無一不具有所作性，故同品有。

虛空等不具有無常性的事物，無一具有所作性，故異品非有。既然宗異品中全無所作的事物，可見所作的事物中必沒有一件是常住的，而宗同品全有所作性，又可見所作的事物盡是無常的。所作的事物盡是無常的，沒有一件是常住的，可見所作性的範圍與無常性的範圍，其寬狹正相等。聲音既納入了所作性的範圍內，便無法跳出無常性的範圍，亦即有了所作性，便不能不有無常性。所作性能證明聲音之必為無常，故是正因。此一比量改成三段論法：一切所作的都是無常的，聲音是所作的，所以聲音是無常的，亦是正確無誤的推理。

第三句同品有異品有非有，如立「聲是勤勇無間所發」宗，以「無常性故」為因。此論的立者為誰，大疏兩處所說不同。一處說是勝論所立，但未舉敵者，另一處說是聲顯論對聲生論所立。後一說頗覺可疑，因為聲顯論與聲生論都主張聲是常住的，「無常故」因是兩俱不許其在宗有法聲音上依轉的。「勤勇」，大疏釋為「作意」，又總釋「勤勇無間所發」為「勇銳無間之所發顯」，意謂由於無間的意志使潛在的變為顯在的。依此解釋，則宗中有法應僅指人獸所發的內聲，不應兼攝無機界中所發的外聲，而論下文說似因時，亦舉此例，「聲」上亦未用有內字，疑欠周密。在此比量中，「勤勇無間所發」是所立法，「無常」是能立法。故凡具有勤勇無間所發性的，如瓶，是宗同品，凡不具有勤勇無間所發性的，如電、如空，是宗異品。瓶等具有勤勇無間所發性的，無一不具有無常性，故同品有。空，不具有勤勇無間所發性，亦不具有無常性，電，不具有勤勇無間所發性，但具有無常性，故異品有非有。宗同品全部有能立法，故勤勇無間所發的事物，莫不居於無常性的範圍以內，但宗異品中亦有一部分是有能立法的，故無常性的範圍內，亦包涵着一部分非勤勇無間所發的事物，亦卽無常性的範圍內有着兩類：一類是勤勇無間所發事物的全部，另一類則爲非勤勇無間所發事物的一部分。聲音雖納入了無常事物的大範圍內，仍難確定其應歸入兩類中那一類。此因亦如第一句的因，過於寬泛，沒有確切證明聲音必爲勤勇無間所發的力量，故亦是似因。從理則學看來，此一比量亦不是推理形式上的過失，而是大前提實質上的過失。

第四句同品非有異品有，如聲生論立「聲是常」宗，以「所作性故」爲因。「常」是所立法，「所作」是能立法。故凡具有常性的，如虛空，是宗同品，凡不具有常性的，如瓶等，是宗異品。虛空等具有常性的事物，無一具有所作性，故同品非有。瓶等不具有常性的事物，無一不具有所作性，故異品有。宗同品全部不具有所作性，故在所作性的範圍內沒有一件事物是常住的，亦卽所作性的範圍與常性的範圍，兩相隔絕，毫無關涉。宗異品全部有所作性，故無常的事物無一不居於所作性的範圍以內，而所作性範圍內又不有任何常住的事物，故所作的一定盡是無常的。然則「所則性故」只能證明聲音之爲無常，今反欲以證明聲音之爲常，是非顚倒，故是似因。此一比量，在理則學上，亦是大前提實質上的過失。

第五句同品非有異品非有，如聲論對佛弟子立「聲是常」宗，以「所聞性故」爲因。「常」是所立法，「所聞」是能立法。故凡具有常性的，如虛空等，是宗同品，凡不具有常性的，如瓶等，是宗異品。虛空等具有常性的事物，無一具有所聞性，故同品非有。瓶等不具有常性的事物，亦無一具有所聞性，故異品亦非有。宗同品全無此因，宗異品亦全無此因，故此因既不與宗同品相通，亦不與宗異品相通。具體言之，所聞性的範圍與常住性的範圍隔絕，亦與無常性的範圍隔絕，在所聞性的範圍內，沒有一事一物是常住的，亦沒有一事一物是無常的。所聞性與常住性及無常性，各相隔絕，所聞的事物中，沒有一件是常住的，亦沒有一件是無常的，自不能因聲音之爲所聞而證明其爲常住或無常，故此因是似因。此一比量若改爲理則學上的三段論法：一切所聞的是常的，聲音是所聞的，所以聲音是常的，其大前提所說事理的正確性，甚屬可疑，故亦不是一個毫無缺陷的推理。不過因明之以此因爲似因，其主要理由在於此因之爲同品非有異品非有。故縱使大前提沒有實質上的過失，只要是同品非有異品非有，依然不能成爲正因。假有三段論法云：「一切理性動物是生物，人是理性動物，故人是生物」，其大前提並無實質上的過失，依理則學規則，是一個沒有缺陷的推理，但因明還是不許其成立。此一推理以「人是生物爲宗」，以「理性動物故」爲因。「是生物」是所立法，「理性動物」是能立法。故凡是生物的，如牛與馬，如草與木都是宗同品，凡不是生物的，如銅與鐵，如土與石，都是宗異品。牛馬草木，無一具有理性，故同品非有。銅鐵土石，亦無一具有理性，故異品非有。宗同品全無能立法，具體言之，卽生物的範圍內沒有理性動物，生物的範圍與理性動物的範圍完全隔絕。兩者的範圍既不相通，單憑此點，三段論法的大前提「一切理性動物是生物」已根本不能成立。「一切理性動物是生物」，明明是事實，因明爲什麼竟抹煞事實而不許其成立？其答案可於宗同品之除宗有法中見之。宗同品「生物」之中，依照普通說法，只有人是理性動物，其餘或不是動物，或雖是動物，但不具有理性，而人正是宗中有法，不得列入宗同品之內。唯一具有理性動物這一能立法的人，一經剔除，便成同品非有了。「理性動物故」因之爲同品非有，限於以「人」爲有法的宗。若把有法的範圍縮小，改說「女子是生物，是理性動物故」，則男子亦成了宗同品。宗同品中的牛馬草木雖都不是理性動物，男子則具有能立法。於是此因便成同品有非有，而大前提「一切理性動物是生物」亦可成立了。又若改說：「女子有思考力，是理性動物故」，則除了男子以外，別無其他宗同品。男子都是理性動物，於是此因且成同品有了。前釋徧是宗法性時，曾經說起，有法的範圍必須狹於能立法的範圍，不可相等。其所以不可相等，可於此獲得答案。「聲」與「所聞」，「人」與「理性動物」，其範圍各相等，所以只有聲音是所聞的，此外不能別有所聞的事物，只有人是理性動物，此外更沒有其他事物具有理性。而「聲」與

「人」各爲宗中有法，一經剔除於宗同品之外，剩下來的宗同品都不能具有能立法，勢不能不釀成同品非有。若把「聲」縮爲「內聲」，把「人」縮爲「女子」，便不復有同品非有的現象。所以有法的範圍必須狹於能立法的範圍，而後纔有正因可舉。

第六句同品非有異品有非有，如聲顯論立「聲是常」宗，以「勤勇無間所發性故」爲因。「常」是所立法，「勤勇無間所發」是能立法。故凡具有常性的，如虛空，是宗同品，凡不具有常性的，如電、如瓶、是宗異品。虛空等具有常性的事物，無一具有勤勇無間所發性，故同品非有。電不具有常性，亦不具有勤勇無間所發性，瓶雖不具有常性，但具有勤勇無間所發性，故異品有非有。宗同品全無能立法，則常性的範圍與勤勇無間所發性的範圍，必兩相隔絕，凡具有勤勇無間所發性的事物，必不會同時又具有常住性。宗異品一部分有能立法，一部分無能立法，故勤勇無間所發性的範圍內有着一部分無常的事物，而勤勇無間所發性的範圍又因爲與常性的範圍隔絕，斷不能有一件常住的事物，故勤勇無間所發性的全範圍與無常性範圍的一部分正相吻合。勤勇無間所所發性的全範圍與無常性的一部分範圍相吻合，故勤勇無間所發性的範圍狹於無常性的範圍，全部居於無常性範圍之內，絕不有越居界外者，亦即一切勤勇無間所發的事物未有不是無常的。故「勤勇無間所發性故」只能證明聲音之爲無常，今反欲用以證明聲音之爲常，與第四句同屬是非顚倒，故是似因。此一比量，在理則學上，亦屬於大前提實質上的過失。

第七句同品有非有異品有，如立「聲非勤勇無間所發」宗，以「無常性故」爲因。大疏謂此係聲生論對聲顯論所立，則此因的徧是宗法，本非共許，已有他過，姑又取以爲本過的實例。「非勤勇無間所發」是所立法，「無常」是能立法。故凡不具有勤勇無間所發性的，如電、如空，是宗同品。凡具有勤勇無間所發性的，如瓶等，是宗異品。在宗同品中，電是具有無常性的，空是不具有無常性的，故同品有非有。宗異品瓶等，無一不具有無常性，故異品有。宗同品一部分有能立法，一部分沒有能立法，故無常性的範圍內含有一部分非勤勇無間所發的事物，宗異品全有能立法，故無常性的範圍內含有全部勤勇無間所發的事物。無常性的範圍內既有着這樣的兩類，故居於無常性範圍內的事物之或屬此類或屬彼類，有同等的可能。「無常性故」不能證明聲音之必非勤勇無間所發，故是似因。此一似因，在理則學上，亦屬大前提實質上的過失。

第八句同品有非有異品非有，如勝論立「內聲無常」案，以「勤勇無間所發性故」爲因。「無常」是所立法，「勤勇無間所發」是能立法。故凡具有無常性的，如電、如瓶，是宗同品，凡不具有無常性的，如虛空等，是宗異品。宗同品中，瓶是勤勇無間所發，電則不是勤勇無間所發，故同品有非有。宗異品虛空等，無一具有勤勇無間所發性，故異品非有。宗異品全無能立法，故常住性的範圍與勤勇無間所發性的範圍，兩相隔絕，亦卽常住性的範圍內沒有一件勤勇無間所發的事物。宗同品一部分有能立法，一部分沒有能立法，故無常性的範圍內，有着一部分是勤勇無間所發的事物，有一部分不是勤勇無間所發的事物。返過來就勤勇無間所發性而論，以其與常住性隔絕不通，故只包含着無常的事物。勤勇無間所發性的範圍內盡是無常的事物，無常性的範圍內則有勤勇無間所發的，又有非勤勇無間所發的，故勤勇無間所發性的範圍狹於無常性的範圍，而勤勇無間所發的事物必全部居於無常性的範圍以內。內聲既是勤勇無間所發，自不能不是無常，故此因是正因。此一比量改作理則學上的三段論法：「一切勤勇無間所發的都是無常的，內聲是勤勇無間所發的，所以內聲是無常的」，亦是實質與形式兩無過失的推理。

第九句同品有非有異品有非有，如聲論對勝論立「聲是常」宗，以「無質礙故」爲因。「質礙」，是有體積而不可侵入的意思，聲論與勝論都主張聲音是無質礙的。「常」是所立法，「無質礙」是能立法。故凡具有常住性的，如極微（卽是分子或原子），如虛空，都是宗同品，凡不具有常住性的，如樂、如瓶，都是宗異品。宗同品中，虛空是無質礙的，極微是有質礙的，故同品有非有。宗異品中，快樂是無質礙的，瓶等是有質礙的，故異品有非有。常住的事物中，有一部分是無質礙的，無常的事物中，亦有一部分是無質礙的。由此可見：無質礙的事物中，一定有常住的，又有無常的。無質礙的既不一定是常住的，則聲音雖無質礙，亦難保其必爲常住，故此因不能是正因。此一似因，在理則學上，亦屬於大前提實質上的過失。

九句因是所立法與能立法的關係上可能有的九種因，其中只有第二句與第八句是正因，其餘七句都是似因。這七種似因，在理則學上看來，如上已述，都是大前提實質上的過失。故這七句似因之所以成似，實緣在這七種情形下，所立法與能立法之間歸納不出一條足充該推理大前提的普偏原則。第二句與第八句之所以成正因，則因爲具備了這兩句所說的情形，所立法與能立法之間，纔有足充該推理大前提的普偏原理可以求得。就宗同品而言，第二句是同品有，第八句是同品有非有，把這二者綜合起來並加以簡化，乃成第二相的同品定有性。就宗異品而論，第二句與第八句同爲異品非有，卽此便成第三相的異品偏無性。故同品定有性與異品偏無性，是歸納作用的兩個方式，聯合應用，兩俱合格，所立法與能立法之間的普偏原理，便可隨以成立。同品定有性與異品偏無性，固是從九句因簡化而來，但與九句因的用途，多少有些不同。九句因是用以檢察因的正與似的，故凡可能有的因，一一列舉，遂至九句之多。同品定有性與異品偏無性則只舉示正因的條件，故於九句中僅取其兩種正因而概括之，不復涉及似因。

現在先說同品定有性。理則學上做大前提的普偏原理，是以能立法爲主詞而以所立法爲謂詞的定言判斷，或是以能立法爲前件而以所立法爲後件的假言判斷，因明同喻中的「若是所作，見彼無常」，亦採取此一形式。這些形式，都是從前件看後件，以論定前件之有後件。前件是先存現象，後件是後繼現象。從前件看後件，就是從先存現象出發，以檢察有什麼後繼現象隨之而起。但同品定有性則採取相反的程序，從所立法看能立法，亦卽從後件看前件，從後繼現象出發，以檢察其是否確係跟隨那假定的先存現象而來。就實例言之，不從所作性出發以檢察無常性之是否必然跟踪而至，却從無常性出發以檢察其是否出於所作性。後繼現象是隨先存現象而生起的，是由先存現象所引發的，所以先存現象是後繼現象的條件。任何事情，都要靠條件來引發，條件不備，那事情便無由生起。不過所由以引發的條件，或只一種，或有多種，其情形不相同，有些事情，只有某一種條件纔能引發，除了此一種條件，其他更沒有足以引發的，亦卽此一種條件不存在時，那事情一定不會發生。如此，那條件便成了唯一的條件。例如物質上的明亮現象，有光是其唯一條件，不論其爲日光或燈光，只要有了光，一定明亮，反之，既無日光，又無燈光，任何光都不存在時，一定不明亮。所以一切明亮都出於有光。所謂同品有，卽指此種情形而言。試以「明亮」爲所立法，以「有光」爲能立法，既然一切明亮都出於有光，自然全部宗同品都有着能立法了。有些事情，不限於某一種條件所能引發，有甲乙丙等多種不同的條件分別各有引發的能力，故甲條件不存在時，那事情不一定不發生，但甲條件存在時，那事情一定發生。乙丙亦然。甲乙丙等各爲引發條件之一，各不是唯一條件。例如物質上熱的現象，有爲燃燒所引發的，有爲摩擦所引發的，有爲強烈的日光所引發的。故某一物體，在燃燒中，必然發熱，另一物體，不在燃燒中，亦可能發熱。如此情形便釀成同品有非有。試以「熱」爲所立法，以「燃燒」爲能立法，則熱的物體中，其因燃燒而熱的，有此能立法，其因摩擦或因強烈日光所照射而熱的，不有此能立法，遂成宗同品一部分有因而一部分沒有因了。

同品定有性把同品有與同品有非有概括在一起，用定有二字以表示其有的情形。第一相徧是宗法性與第三相異品徧無性，都用一個徧字，獨此第二相則用定字而不用徧字，因爲在此相中無須且亦不可用徧字。「定有」二字，一方面表示：一定要有，不可全無。宗同品至少要有一部分有能立法，若全部沒有能立法，是不可能成爲正因的。他方面亦表示其無須徧有，且不可稱爲徧有。因之可能成正，原不待宗同品全部有能立法，只要其一部分有能立法，便够了。所以求宗同品之徧有能立法，是沒有必要的。同品有，是徧有，同品有非有，是不徧有，亦可說是少有。現在只說定有，豈非只包括了同品有而遺漏了同品有！就「有」的範圍大小而論，徧有可以包括定有，定有不能包括徧有，的確可以有如上所說的缺點。但同品定有性是歸納方式的一部分，宗同品的一部分有能立法，已經供給了足够的歸納資料。宗同品全部有能立法，是於足够的資料外，又增加了許多資料。這樣的增加資料，在論定能立法之有所立法的功用上，當然無所損害，却亦無所補益，事雖倍而功相等。同品定有性只在規定最低限度的資料數量，要求宗同品方面所供給的資料必須達此限度。定有已經能達到限度，徧有則不僅達到限度，且超越限度了。故就限度而論，定為定有，可以容許超過定有的徧有，定為徧有，不能容許不及徧有的定有。所以同品定有性必須用定有二字，方能兼攝同品有與同品有非有，若改用徧有二字，則只能容納同品有而不得不排除同品有非有了。故此第二相內不可用徧有二字。

同品定有性只要定有，不必徧有，所以此相容易完成。在有因以後，只須就宗同品約略檢查，倘能在其中發見若干件具有此能立法，便已經是同品定有了。至於其他宗同品是否有此能立法，可以不顧。而且定有云云，並未限定數量，卽使只有一種宗同品具有能立法，已不能不說是定有，用不到搜集許多宗同品，更用不到網羅全部宗同品，以一一觀察其有無能立法。用力甚簡，費事不多，所以此相的完成，是很容易的。

同品定有性，在共比量內，亦必須是立敵共許的。共比量內所用的宗同品必須是共同品，必須是兩俱有體，上面已經說過。故此處所云共許，是專指定有一事而言，謂立敵共許其宗同品全部或一部分具有能立法。宗同品具有能立法，卽是能立法依轉於宗同品，故此云共許，是依轉極成的意思。例如立「聲是無常」宗，以「所作性故」為因時，瓶之為宗同品，已經是立敵共許的了，其兼具所作性，亦必須是立敵所共許。若不共許，便不足在共比量中充當歸納資料。同品只須定有，不必徧有，定有雖須共許，在共同品中搜集若干例，並非難事，故此相還是容易完成。又因為只須定有，故亦不必顧及自同品與他同品之是否具有能立法。只要共同品定有了，縱使自同品與他同品全部不具有能立法，亦不患歸納資料的不充分了。

同品定有性雖容易完成，但亦決不是一定可以完成的。上面曾說，具有所立法的事物，是宗同品，具有能立法的事物，是因同品。所以同品定有性，亦可解釋爲宗同品中至少有一部分同時亦是因同品。今若雖有宗同品，而宗同品之中，沒有一種同時亦爲因同品的，則同品定有性便無法完成了。又若根本沒有宗同品，自更無從有宗同品而兼爲因同品的，則同品定有性亦便無法完成了。所以同品定有性亦有時無法完成，或因雖有宗同品，而宗同品無一兼爲因同品，或因根本沒有宗同品，自更無從兼爲因同品。這些情形之所以存在，大部分是與同品的除宗有法，有關係的。

有宗同品而無法完成同品定有性者，又可小別爲二種。其一、有宗同品，亦有因同品，因爲宗同品除宗有法，於是宗同品中遂沒有一種能兼爲因同品。此可引九句因中的第四句爲例。立「聲是常」宗，以「所作性故」爲因，虛空是常住的，故有宗同品，瓶是所作的，故有因同品。但虛空只是宗同品而不是因同品，瓶只是因同品而不是宗同品。只有聲音是立者所認爲既是宗同品又是因同品的，因其爲宗有法，不得列入宗同品內，於是遂沒有宗同品而兼爲因同品的。其二、有宗同品，因爲因同品除宗有法，不能有因同品，遂亦不能有一物而兼爲宗同品與因同品。此可引九句因中的第五句爲例。立「聲是常」宗，以「所聞性故」爲因。虛空等是常住的，故有宗同品。至於所聞的，除聲音以外，世間別無可聞的事物。而聲音正爲宗中有法，例須剔除。因同品之除宗有法，是很徹底的，凡屬於聲音這一大類中的小類，如呼嘯、如歌唱，不論用有何種名稱，都在剔除之列。如此剔除的結果，便無一物可爲因同品。故在此一情形下，只有宗同品，沒有因同品，遂亦不能有一物而兼爲宗同品與因同品。在說九句因的第五句時，曾經說過；有法的範圍若與能立法的範圍相等，便要釀成同品非有，於此可再補充一言：凡有法的範圍與能立法的範圍相等，便不能有因同品，第五句之所以同品非有，正因爲沒有因同品。

沒有宗同品而無法完成同品定有性者，可以小別爲三種。其一、因爲除宗有法，不能有宗同品，只能有因同品。既沒有宗同品，自更不能有宗同品而兼爲因同品的。試爲設例，就九句因中的第五句，將其所立法翻爲能立法，將其能立法翻爲所立法，以「聲是所聞」爲宗，以「常性故」爲因。只有聲音是所聞的，此外別無可聞的事物，而聲音是宗中有法，一經剔除，便沒有宗同品。虛空是常住的，故有因同品。宗同品既沒有，欲其兼爲因同品，自無此可能了。其二、因爲宗同品除宗有法，不能有宗同品，又因爲因同品除宗有法，亦不能有因同品。二者俱無，自更不能有既是宗同品又是因同品的。試爲設例，以「人是萬物之靈」爲宗，以「是理性動物故」爲因。人是萬物中最靈的，此外更無有與人並靈的事物，故除人以外，都不能具有萬物之靈這種性能。而人是宗中有法，不得列入宗同品之中，故不能有宗同品。又人是唯一的理性動物，此外的高等動物，依通常說法，沒有一種足當理性動物的稱謂。但人是宗中有法，依例應自因同品中剔除，故又不能有因同品。既沒有宗同品，又沒有因同品，如何能有宗同品而兼爲因同品的事物！由此一例，可以看見：凡有法的範圍與所立法的範圍相等的，不能有宗同品。「聲」與「所聞」、「人」與「萬物之靈」，其範圍各相等。因爲相等，聲外便不能有所聞的，人外便不能有萬物之靈。「聲」與「人」各別剔除於宗同品之外，便不能有宗同品了。凡不能有宗同品的，因明稱之爲缺無同品。缺無同品，不論有否因同品，都無以完成同品定有性。所以有法的範圍必須狹於所立法的範圍，不可與之相等。相等了，在宗本身雖未有過失，但影響因的第二相，使之無法完成，而宗體亦隨以無由證明了。因此之故，如「聲是所聞」與「人是萬物之靈」等宗，僅爲了有法的範圍與所立法的範圍相等，因明已不能許其建立。其三、能別不極成，亦足以釀成宗同品的缺無。此與宗同品的除宗有法，沒有關係。能別是無義，不論其爲兩俱無義或隨一無義，都不能有共許的宗同品，因爲任何有體都不會具有事實上不可能有的性能。此在宗依，已有過失，原不可用爲能別，若竟採用，則於宗過外又使因的同品定有性無法完成，而增加一重過失。試爲設例，如立宗云：「此物是兔角所製」，兔角是兩俱無體，故兔角所製，必是兩俱無義。世間沒有一種物體是兔角所製的，故不能有共許的宗同品。能別若是隨一無義，立敵之中必有一方不許，至多只能有自許的或他許的宗同品，亦不能有共許的宗同品。既不能有共許的宗同品，亦卽不能有共許的同品定有性。

次說異品徧無性。九句因中第二句與第八句兩個正因，在同品方面，一爲有而一爲有非有，在異品方面，則同爲非有。因的第三相卽取此兩句中的異品非有，稱爲異品徧無性。異品非有，其意原爲宗異品全部不具有能立法，故異品非有與異品徧無，其意義完全相同，不過加上一個徧字，則意義益加明確，可以少費解釋。因的後二相是歸納方式，用以求致一條普徧原理以爲證宗的理由。而所欲求致的原理，其結構不以所立法爲主詞以能立法爲謂詞的，而是以能立法爲主詞以所立法爲謂詞，亦卽不是宗同品之有因同品，而是因同品之有宗同品，與同品定有性之爲宗同品有因同品，其次第正相顚倒。所以此一原理不是同品定有性所能單獨求得，必須有異品徧無性與之合作，雙方協力，始有求得的可能。所以同品定有性之外，又有規定異品徧無性的必要。而且此兩個方式，一定要聯合應用，二者都能圓滿達成，方能求得正確無誤而有證明力量的普徧原理。其所以必求此後二相之同臻完成，可於九句因的似因中見之。九句因中，同品定有的，不止第二第八兩句，餘如第一句第三第七句第九句，莫不同品定有。此四句之所以不得爲正因，其故全在於宗異品與因同品之間的關係不與第二第八句相同。在第二第八兩句中，都是異品非有，在第一句等四句中，或爲異品有，或爲異品有非有。不管是異品有或是異品有非有，總之，能立法亦依轉宗異品。能立法於宗同品與宗異品雙方都依轉，則具有此因者便可此可彼，無從斷言其一定是此而不能是彼了。例如第一句欲以「所量性故」證明「聲是常」，只因思想對象中，有的是常住，有的是無常，能立法於依轉宗同品外，亦依轉宗異品，遂使此因無力證明聲音之必爲常住。必如第二句以「所作性」證「無常」，常住的事物沒有一件是所作的，宗異品全部不有此能立法，始能收穫證明的效果。同品定有性從正面加以規定，異品徧無性則從反面加以規定。只從正面加以規定，留有許多漏洞，從反面再加一層規定，防範始臻嚴密。故此二相，一正一反，相輔爲用，必須雙成，不可缺一。

異品徧無性不若同品定有性之易於完成。此第三相既要求徧無，故必須把宗異品全部搜集，一一檢查，見其沒有一種具有能立法，纔可說異品徧無。倘然搜集不徧，稍有遺漏，卽難保所遺漏的少數宗異品中不有恰巧具此能立法的。搜集徧了，倘然檢查不周，略有忽略，又難保所忽略的部分亦一定不具有此能立法。所遺漏或所忽略的，縱使是極少數，然一二例外卽足以破壞全局，多與少是沒有關係的。如九句因中的第一句，以「聲是常」爲宗，以「所量性故」爲因，其宗異品無常的事物全部具有能立法中所說的所量性。這是異品有，誠然不能謂之徧無。今假以「猴非人」爲宗，以「不能言語故」爲因，其宗異品是全部的人。極大多數的人都是能言語的，故宗異品大都不具有此能立法。但有極小部分的例外，如天生的聾啞者是不能言語的，故宗異品中亦有具有此能立法的。此例外的聾啞者，在全部人類中，誠屬極少數，但此極少數卻具有破壞全局的極大力量，而使其成爲異品有非有。此中非有的部分極大，有的部分極小，然雖極小，已因此不能謂爲異品徧無。此相既須徧集而無所遺漏，又須周察而無所忽略，故不容易完成。

異品徧無性，在共比量中，亦必須是立敵共許的。此云共許，亦如前說同品定有性時所說，專指依轉極成而言。不過同品定有性所須共許的，是能立法的依轉宗同品，至於異品徧無性所須共許的，則爲能立法的不依轉宗異品，所共許的兩正相反。如以「聲是無常」爲宗，以「所作性故」爲因時，虛空等宗異品之不具有所作性，必須是立敵所共許的。若不共許，在共比量中，便不足充當歸納資料。前說同品定有性時，曾說：在共比量中，只要共同品定有能立法，就够了，不必顧及自同品與他同品之是否具有能立法。因爲同品定有性只求定有，不求徧有，共同品定有了，縱使自同品與他同品全部不具有能立法，敵者亦不能據以反駁同品定有性之未臻完成。至於異品徧無性，其情形便有些不同。在共比量中，依理而論，原不妨以共異品的徧無能立法爲已滿足異品徧無性的要求，可以不進而再問自異品與他異品的有無能立法。但若共異品雖徧無能立法，而他異或自異品中，不無具有能立法的，則敵者勢且據以爲反駁的資料。試爲設例，如立論云：「此簪是動物質，珊瑚所製故」，珊瑚球珊瑚樹等原是宗同品。敵者若無科學常識，誤認珊瑚爲石類，不許珊瑚球等具有所立法，則珊瑚球等便成他異品了。而「珊瑚所製」又依轉其上，敵者自將據以主張異品之未臻徧無。於是珊瑚是否動物，成了先待解決的問題，而立敵論淨的焦點不免轉移了。論諍的焦點轉移，致使原論諍的是非延擱不決，此種情形是因明所力求避免的。所以異品徧無性，於共異品徧無能立法外，最好他異品亦徧無能立法。誤認珊瑚爲石類的人，當然不會說如上的宗與因，今姑假定一時失察，竟立此宗，且以此因爲因，則珊瑚球等爲自異品而具有能立法。敵者據以反駁，立者勢且無辭以對。所以立者爲了避免失敗，在異品徧無性中，亦有求其兼攝自異品徧無性的必要。異品徧無性不宜專顧共異品，且須兼顧自異品與他異品，必共自他三種宗異品徧無能立法，而後始臻美備，故其完成益加不易。

上面說過：只要缺無同品，不論所缺無的是宗同品或是因同品，同品定有性便無由完成。然則缺無異品，其情形如何？缺無異品，可說是絕無僅有的事情。異品與同品，是互相矛盾的，故其消與長，互成反比。同品所攝的事物越少，則異品所攝的事物隨以越多，反之，同品所攝的事物越多，則異品所攝的事物隨以越少，同品消至缺無時，異品便長至無所不包，同品長至無所不包時，異品便消至缺無。故必同品的涵容力極大，可以攝盡一切，而後缺無異品的情形纔會發生。宗異品的缺無，需要如此的條件，因異品的缺無，同樣亦需要如此的條件。試先就宗異品而論，以「無常」爲所立法，其涵容力已很不小了，但猶有虛空等若干事物是常住的，宗異品並不缺無。更進而以「有」或「存在」爲所立法，其涵容力可謂極大了，在有體世界中，一切事物莫不是有，莫不存在，實際上宗異品已經缺無了，但因明許以兩俱無體，如兔角等，爲共異品，則理論上還是有宗異品，並未缺無。必以力能於有體世界外兼攝無體世界的義類爲所立法，方能在實際上，在理論上，消滅宗異品而令其缺無。九句因中曾引以爲例的「所量性」，可以完成此一任務。今試以「所量」爲所立法，有體世界中一切事物無不可爲人們所思想，故盡是宗同品，無體世界中一切事物，雖非實有，但亦無一不可爲人們所思想，故亦盡是宗同品。兩個世界中的事物盡是宗同品，於是在實際上在理論上都達到了宗異品缺無的境地。次就因異品而論，其情形亦相同。設以「有」或「存在」爲能立法，實際上因異品固已缺無，不過理論上還可以有兩俱無體爲其因異品。必以「所量」爲能立法，而後實際上理論上兩皆缺無因異品。故不論宗異品或因異品，其缺無的實例，眞是少而又少，幾於絕無。

宗異品的缺無與因異品的缺無，其對於異品偏無性的影響，兩正相反。所謂異品偏無性，意卽宗異品全部沒有因同品，亦卽因同品不依轉於任何宗異品。故宗異品是能有，是所依，因同品是所有，是能依。現在分就宗異品的缺無與因異品的缺無，一看其對於異品偏無性的影響。宗異品缺無時，能有的主體既不存在，自不能有所有的因同品，所依的客體既屬缺無，能依的因同品自亦無可依轉。故只要缺無宗異品，不論是否尙有因同品，異品偏無性便隨以完成了。卽使只是實際上的缺無，亦已完成了異品偏無性。因爲兩俱無體，除了能立法恰巧爲「無有」外，不會具有其他因同品中所說的性能。而在共比量中，有法必是兩俱有體，絕不會以「無有」爲能立法。所以只要實際上缺無宗異品，已可完成異品徧無性。因異品缺無時，若僅是實際上的缺無，則有體世界中的一切事物盡是因同品，若兼爲理論上的缺無，則連無體世界中的一切事物亦盡是因同品。於是只要有宗異品，便莫不有因同品，亦卽莫不爲因同品所依轉，而成爲異品有。九句因中第一句的異品有，正出於此一原因。所以只要缺無因異品，便可斷言異品徧無性之無法完成。

因明正因必須三相具足，若有一相不能完成，便成似因。第二相與第三相應以第一相爲先決條件。必先確定了因的徧是宗法，而後考查其是否同品定有與異品徧無，纔有意義，否則將會徒勞而無功。如說：「花是生物，是動物故」。此因是同品定有異品徧無，第二相與第三相兩皆完成。但花不是動物，故缺第一相。這樣的因，其不能證明花之爲生物，是毫無疑義的。故在衡定因的正似時，第一步須先考查其是否徧是宗法。假使第一相不完備，一定不能成正因，便用不到進而考查其第二相與第三相。第一相完備了，已合於正因的初步條件，於是纔有必要，進而考查其是否同品定有與異品徧無。故正因必須三相具足，不可缺一。不過於此有宜注意者，只可說：正因必須三相具足，却不可倒過來說：三相具足的，一定是正因。因爲三相具足的，雖極大多數是正因，但亦間有極少數可能是似因。至其所以成似，且俟下文再說。

「此中所作性或勤勇無間所發性，徧是宗法，於同品定有，於異品徧無，是無常等因」，是本節的第七段，舉示正因的實例。此處所舉，有兩個正因；一爲所作性，二爲勤勇無間所發性。這兩個正因，都足以證明「聲是無常」宗。「是無常等因」，其有法「聲」略而未說，其等字是外等，大疏謂此因不但可用以證明「聲是無常」宗，亦可用以證明「空無我」宗，故用一等字，其因字是正因的省略語。聲音無一不是所作的或勤勇無間所發的，故此二因各徧是宗法。宗同品瓶等是所作的，或是勤勇無間所發的，故此二因各爲同品定有。宗異品虛空等無一是所作的或勤勇無間所發的，故此二因各爲異品徧無。這兩個因各具足三相，故可成爲正因。爲什麼要舉示兩個因呢？大疏謂有三個理由：「一對二師，二釋徧定，三舉二正」。大疏所說，甚爲周到，現在試依次加以說明。

所謂「對二師」者，意卽佛教徒之立「聲是無常」宗，是用以開悟兩派論師的，亦卽敵者有兩派，雖同樣主張聲音之爲常住，但其說法不同，必須用不同的因，方足以收穫開悟的效果。此一比量的敵者，是主張聲音常住的聲論。聲論有兩派：一爲聲生論，另一爲聲顯論。照聲生論所說，聲音原是不存在的，是因緣湊合以後纔生起的，不過一經生起，便常住下去，永不消滅，雖不可聞，依然存在。照聲顯論所說，聲音本是常住的，不是新生的，只是在因緣湊合時纔顯現出來，爲人所聞，因緣消散，聲音亦便潛伏，不可復聞，但依然存在。佛教徒立正破邪時，對聲生論，可用「所作性故」爲因。所作與因緣所生，其意義相同，故此因之爲徧是宗法，必能獲得敵者的同許。又此因之爲同品定有與異品徧無，亦是立敵所共許的。故對聲生論，此因具足三相，可成正因。對聲顯論，不可用「所作性故」爲因。因爲聲顯論主張：聲音是從緣所顯，不是從緣所生，一定不許所作性依轉於聲上。故以「所作性故」爲因，徧是宗法性不能極成，第一相便無由完備了。所以對聲顯論，只好改用「勤勇無間所發性故」爲因。勤勇無間所發與從緣所顯，其意義相同，聲顯論亦許其於聲音上依轉。不過嚴格講來，以「聲」爲宗有法，以「勤勇無間所發故」爲因，不免有是宗法而不徧的嫌疑。因爲聲音之中，只有內聲纔是勤勇無間所發的。若將宗有法改爲「內聲」，則徧是宗法性更沒有問題了。對聲顯論，必須用「勤勇無間所發性故」爲因，方能三相具作而成正因。同此一因，對於此一敵者，是正因，對於另一敵者，可能是似因。因的正與似，不是因本身所能決定，而是立敵關係所決定的。所以同是立「聲是無常」宗，所用的因須隨敵者而異，不可拘執。

所謂「釋徧定」者，意謂舉此二因，以其中一因爲宗同品徧有的實例，以其另一因爲宗同品定有的實例。同品定有性原是同品有與同品有非有所綜合而成。立「聲是無常」宗時，以「所作性故」爲因，一切無常的事物都是所作的，沒有例外，是同品有。故「所作性故」因，可爲同品徧有的實例。以「勤勇無間所發性故」爲因，則無常的事物中，有是勤勇無間所發的，如瓶，有不是勤勇無間所發的，如電，是同品有非有。故「勤勇無間所發性故」因，可爲同品定有的實例。舉示二因，在於表示徧有與定有之同可以爲正因。

所謂「舉二正」者，謂其舉此二因，意在表示正因的不止一種。九句因中的第二句，以「所作性故」爲因，是正因的一種。九句因中的第八句，以「勤勇無間所發性故」爲因，又是正因的一種。前一種正因是同品有異品非有，後一種正因是同品有非有異品非有。故舉二正，卽所以釋徧定，釋徧定，亦正是舉二正。兩者所說，實係一事。

論文舉示正因的兩個實例，一方面固在表示正因的不止一種，他方面亦在表示正因的只此二種，不能更有第三種。此云正因只此二種，當然不是指具體的實例而言，是專就抽象的法式說的。若就具體的實例而言，可以爲正因的，其數甚多，不勝枚舉，決不止所作性與勤勇無間所發性二事。何況這兩個因，在不以「聲」爲宗有法或立敵不是佛教與聲論時，不一定是正因。就抽象的法式而論，正因只此二種：一爲同品有異品非有，二爲同品有非有異品非有，此外更無第三種。第一種正因，因爲同品有，故宗同品盡是因同品，亦卽宗同品盡居於因同品的範圍內，絕無居於其範圍以外的。又因爲異品非有，宗異品的範圍與因同品的範圍，兩相離絕，宗異品的範圍內沒有因同品，因同品的範圍內亦不會有宗異品。宗同品盡居於因同品的範圍內，因同品的範圍內又沒有宗異品，則因同品一定盡是宗同品，宗同品亦一定盡是因同品，故因同品的範圍與宗同品的範圍，其寬狹正相等。第二種正因，因爲同品有非有，宗同品之中，有的是因同品，有的是因異品，亦卽宗同品有一部分居於因同品的範圍內，其另一部分則居於因同品的範圍以外。又因爲異品非有，如上所述，因同品的範圍內必不會有一件宗異品，亦卽只有宗同品。因同品盡是宗同品，而宗同品却不盡是因同品，故因同品的範圍必狹於宗同品的範圍。綜合以上所說，凡屬正因，其能立法的範圍與所立法的範圍二者間的關係，只有兩種：一爲能立法等於所立法，二爲能立法狹於所立法。正因的法式不能有第三種，故凡能立法寬於所立法的，必爲似因。至其何以成似，亦不難理解。因爲能立法若寬於所立法，則因同品的範圍內不僅有宗同品，且亦有宗異品，於是能立法亦依轉於宗異品，而破壞了第三相的異品徧無性。上面又曾經說過：有法的範圍必須狹於能立法的範圍，亦必須狹於所立法的範圍。現在把有法能立法所立法三者在法式上應有的寬狹關係，列爲下表，凡不合此法式的，都不能成爲正因。

一、有法狹於能立法　能立法等於所立法

二、有法狹於能立法　能立法狹於所立法

喻有二種：一者同法，二者異法。同法者，若於是處顯因同品決定有性，謂若所作，見彼無常，譬如瓶等。異法者，若於是處說所立無，因徧非有，謂若是常，見非所作，如虛空等。此中常言，表非無常，非所作言，表無所作。如有非有，說名非有。

此節釋比量的第三支，共分三大段。第一大段舉示喻的種類，第二大段釋同法喻，第三大段釋異法喻。

「喻有二種：一者同法，二者異法」，是第一大段。「喻有二種」，舉示喻的種數，「一者同法，二者異法」，舉示兩種喻的名稱。此中所須解釋的，一爲喻字，二爲法字。喻是什麼意義？大疏解釋道：「喻者，譬也，況也，曉也。由此譬況，曉明所宗，故名爲喻」。喻，原是譬喻的意思。古因明的五分作法是理則學上的所謂類比推理，其喻支僅舉瓶等爲譬喻，更於其合支與結支中依據瓶等之兼具所作性與無常性，以推定聲音當與瓶等同屬無常。因爲是類比推理，所以證明力很薄弱。新因明於喻支中加上一條相等於理則學上大前提的普徧原理，使類比推理變成演繹推理，以增強其證明力。所以新因明的喻支已兼具大前提的作用，不復僅是一個譬喻，但猶因襲舊日的術語，仍稱爲喻。在新因明中，喻與因，同爲理由的一部分，聯合以證明宗體。若有因無喻，則理由不够充實，不足以收證明的實效。但在因明看來，因是貫通宗與喻的，喻中的那條普徧原理是因後二相歸納所得的，只要因是同品定有且異品徧無，喻中那條普徧原理一定可以成立，不患缺無。因此之故，因明重因，甚於重喻，不像理則學那樣在形式上，大前提與小前提並重。理則學推理實質上的錯誤，出於大前提者多，出於小前提者少。依因明道理，小前提實質上的錯誤，無不起於因第一相之未能完成，大前提實質上的錯誤，又無不起於因後二相之未能完成，總而言之，實質的錯誤都起於因相之有缺陷。故就大前提實質上的錯誤而論，其錯誤的根本在於因，不在於喻，因有缺陷，喻乃食其惡果而已。然則因明之重因甚於重喻，與理則學亦無所牴觸。

因明的喻支分爲兩小支：一爲同法喻，二爲異法喻。同法喻亦簡稱同喻，異法喻亦簡稱異喻。同法與異法中的法字，是總括能立法與所立法而說的。同法，卽是同於能立法，又同於所立法，亦卽因同品兼宗同品。異法，卽是異於能立法，又異於所立法，亦卽宗異品兼因異品。

「同法者，若於是處顯因同品決定有性，謂若所作，見彼無常，譬如瓶等」，是本節的第二大段，總釋同法喻，又可分爲兩小段。「同法者，若於是處顯因同品決定有性」，是第一小段，舉示同法喻的原則，亦可說是同法喻的定義。「是處」指喻而言，「顯」是顯示的意思。故全句的意思，卽言：同法喻是在喻中顯示那因同品決定有性。「因同品決定有」一詞，可作二種不同的解釋。其一、因字讀斷，同品二字解作宗同品的省略語，則因是所有，宗同品是能有，意謂宗同品決定有因。其二、因同品三字連讀，有字下補入宗同品三字，則因是能有，宗同品是所有，意謂因同品決定有宗同品。九句因的同品有與同品有非有，因第二相的同品定有，都以宗同品爲能有，以因同品爲所有。以彼例此，則第一釋未嘗不可採用。但論下文所舉示的同喻實例，只可解作因同品有宗同品，不能解作宗同品有因同品。又陳那的因明正理門論說及同法喻時，謂「說因宗所隨」，則因是所隨，宗是能隨，所隨應當在前，能隨應當在後。以此爲參考，亦應解作因同品有宗同品，不應解作宗同品有因同品。因同品與宗同品之孰爲能有與孰爲所有，在說因時與說喻時，似應分別解釋。在說因時，宗同品必爲能有，因同品必爲所有，在說喻時，能有與所有互易其位。本節釋喻，故以採用後一釋爲切當。「決定」二字，所以別於猶豫，言因同品之有宗同品，是確定的，是必然的，是無可懷疑的，是沒有例外的。設可懷疑，則所證的宗亦將隨以可疑，設有例外，則所證的宗亦難保其不屬例外。故必因同品決定有宗同品，而後所證明的宗始成決定正智。

「謂若所作，見彼無常，譬如瓶等」，是釋同喻的第二小段，舉示同喻的實例。因明的喻支成自兩個部分，其第一部分叫做喻體，提示一條普偏原理，相當於理則學上的大前提。喻支之所以能發揮證宗的力量，完全賴有此一爲喻體的普偏原理。其第二部分叫做喻依，是喻體所依以成立的。故喻依是喻體的證據，亦可說是喻體的實例。同法喻中的喻體，叫做同法喻體，簡稱同喻體。同法喻中的喻依，叫做同法喻依，簡稱同喻依。立「聲是無常」宗，以「所作性故」爲因時，「謂若所作，見彼無常」是同喻體，「譬如瓶等」是同喻依。

同喻體的「若是所作，見彼無常」，正合於同喻定義的「顯因同品決定有性」。「所作」是因同品，「見」是顯示其決定有，「無常」是定義中略而未說的宗同品。此同喻體的形式，是理則學上的假言判斷，關於所作性與無常性，提示一條普徧原理，謂有所作法處，一定有無常法，亦卽有因同品處，宗同品一定隨逐而來，斷不會有了因同品而宗同品竟不隨逐其後的。假言判斷與定言判斷，可以互轉，故此同喻體亦可轉爲：所作者必是無常，其普徧法式應爲：一切因同品必是宗同品。所以同喻體的任務，在於把因同品與宗同品聯合起來，顯示兩者之間具有屬着不離的關係。此一關係，因明學家或取其屬着方面的意義而稱之爲合，或取其不離方面的意義而稱之爲不相離性。顯示屬着不離，旣是同喻體的根本任務，故同喻體解作定言判斷時，只可解作全稱肯定判斷。若解作否定判斷，則其所顯示的，是離而不合，不是合而不離，與同喻體的根本任務相違背了。卽使從理則學的眼光看來，應當解作否定判斷的，在因明亦須解作肯定判斷。如有推理云：礦物不是生物，黃金是礦物，故黃金不是生物。其大前提本是否定判斷，若用作同喻體，則須變質爲礦物是無生物，以合於肯定判斷的形式。

同喻體是由因同品與宗同品聯合而成的，關於此二者在同喻體中所居的位置，因明有一條規則，叫做先因後宗。因是因同品的簡語，宗是宗同品的簡語。所謂先因後宗，借用宗依的名稱來說，卽言在同喻體中，因同品必須是前陳，宗同品必須是後陳，不得顚倒。在以「聲是無常」爲宗，以「所作性故」爲因時，其同喻體必須說：若是所作，則無常，或說：一切所作的，都是無常的，不得倒過來說：若是無常，則所作，或一切無常的，都是所作的。因明之所以立此規定，有其兩層理由。第一層理由，能立法與所立法間，亦即因同品與宗同品間，其寬狹關係，如上已述，計有二種。因同品的範圍與宗同品的範圍，寬狹相等，例如所作性與無常性，則順說倒說，都無不可。既可說：一切所作的，都是無常的，亦可說：一切無常的，都是所作的。這兩種說法，在實質上，其意義相等，絕無差異。故在因同品的範圍與宗同品的範圍寬狹相等的情形下，原沒有嚴格規定先因後宗的必要。但若因同品的範圍狹於宗同品的範圍，例如勤勇無間所發性與無常性，便只可順說，不可倒說。因爲順說纔能符合事實，一經倒說，便與事實有所違背了。如說「一切勤勇無間所發的，都是無常的」，實質上無有錯誤，若倒作「一切無常的，都是勤勇無間所發的」，則與事實不全相符，顯有實質上的過失。因明同喻體的法式，又必是全稱判斷，不作特稱判斷。故在因同品的範圍狹於宗同品的範圍時，決不可以倒說。因明正因的法式既有二種，爲了總括這二種不同的情形而令其同喻體的法式得以普徧適用起見，不得不定爲先因後宗。第二層理由，因明比量是以共許法證明不共許法，非以不共許法證明共許法。共許法是已經極成了的，無待於證明，不共許法是未極成的，纔有待於證明。在「聲是無常，所作性故」一比量內，聲音之爲無常，是未共許的，有待於證明，聲音之爲所作，是已共許的，無所用其證明。故在此一比量內所欲證明的，是「聲是無常」，其所用以證明的，則爲「所作性故」。同喻體的任務，於能證所證之間，爲之樹立一種屬着不離的關係，謂所作性之後必有無常性隨逐而來。所作性是所隨，無常性是能隨。必先有所隨者而後纔有能隨者，若不先有所隨者，能隨者便失其隨逐的對象。故所隨者居前，能隨者居後，這是自然的順序，不可移易。同喩體即順着此一自然的順序，闡明兩者有着必然隨逐的關係。因明學家稱同喩體的此一作用爲順成。故必先因後宗，說：「一切所作的都是無常的」，其所順成的，纔是「聲是無常」宗。若倒過來說：「一切無常的都是所作的」，則其所順成的，將是「聲是所作」而不是「聲是無常」了。但聲音之爲所作，本是立敵所共許，無待於證明，且亦不是立此比量時所欲證明的。故倒說的結果，必致證所不欲證而不證其所欲證。依據如上的兩層理由，同喩體必須先因後宗，只可說：一切因同品都是宗同品，不可倒說：一切宗同品都是因同品。

「譬如瓶等」，是同喩依，是同喩的第二部分。瓶之所以得爲同喩依，因其具有同喩體中所說及的二法，即一方面具有所作性，另一方面又具有無常性。「瓶等」的等字，亦是外等，等取瓶以外一切旣所作又無常的事物，意在表示：得爲同喩依者，不止瓶一種，此外尚有多種事物。同喩依必須兼具同喩體中所說及的二法，故概括言之，同喩依必須是因同品兼宗同品。正因其必須兼爲兩種同品，故同品未必盡足爲同喩依。在因同品的範圍與宗同品的範圍寬狹相等時，如所作性與無常性，一種事物是了因同品，一定亦是宗同品，是了宗同品，一定亦是因同品，兩者沒有不相兼的，故只要是同品，便足爲同喩依。但在因同品的範圍狹於宗同品的範圍時，其情形便不相同。雖因爲異品徧無，因同品必是宗同品，但因爲同品定有，宗同品之中必有非因同品者。如立「聲是無常」宗，以「勤勇無間所發性故」爲因，電是宗同品，不是因同品，便不足爲同喻依。故在同喻依的範圍狹於宗同品的範圍時，宗同品非盡可爲同喻依。合而言之，有是宗同品而非同喻依者，未有是同喻依而非宗同品者，故同喻依的範圍狹，宗同品的範圍寬。此上所述，係專就正因而言，若將似因合併在一起研討，則亦可有是因同品而不足爲同喻依的。如九句因的第三句欲以「無常性故」因，證明「聲是勤勇無間所發」宗，電是因同品，但不是宗同品，故不得爲同喻依。又如前所述，若立「聲是所聞」宗，其有法的範圍與所立法的範圍，寬狹相等，只有聲音是所聞的，此外別無其他所聞的事物，而聲音是有法，必須自宗同品中剔除，於是此宗便不能有宗同品。又若立「聲是無常」宗，以「所聞性故」爲因，其有法的範圍與能立法的範圍相等，所聞的盡是聲，而聲又不得列爲因同品，於是此因便不能有同品。同喻依必須是因同品兼宗同品，有了因同品或宗同品，尚未必有同喻依，今連同品都不齊全，自更不能有同喻依了。故凡缺無同品，不論所缺無的是因同品或宗同品，亦必隨而缺無同喻依。

前說同品異品時，曾經說起，品字可作體類解，亦可作義類解，因明用此二名，時或專取義類，時或兼取義與體。同法喻的體與依，都是因同品兼宗同品，同以同品爲其基本因素。但同喻體所取的，是義類，如言「若是所作，見彼無常」，未嘗涉及體類。同喻依所取的，是義類兼體類。如言「譬如瓶等」，在字面上，似乎只取體類，未嘗兼及義類。但若推究瓶等之所以得爲同喻依，完全因其旣具所作義，又具無常義。故同喻依所取的，是具有各該義類的體類。

同喻成自同喻體與同喻依，在法式上，二者必須兼具，不可缺一。但在實際立量時，依因明通例，同喻體往往略而不說，同喻依則從不省略。在證宗的功用上，同喻體的重要性決不低於同喻依。同喻體是一條普徧原理，只要此條原理可以成立，無有過失，則所立的宗一定正確。同喻依是同喻體的證據或實例，自其爲實例一點言之，同喻依的重要性實不及同喻體，自其爲證據一點言之，亦不過與同喻體同樣重要而已。然則爲什麼同喻體可以省略不說而同喻依却不可省略呢？試爲推測，亦非無故。因明用語中，有缺減與缺無兩個名稱，其界限原不甚分明，因明學家往往含混使用。現在試依據減字與無字意義的不盡相同，加以分別。凡事實上所有而僅於言陳上不明說的，即有可舉而不舉的，稱之爲缺減，凡事實上所無，因而言陳上無可說的，即無可舉而不舉的，則稱之爲缺無。因明通例之所以只許省略同喻體而不許省略同喻依，殆因同喻體不會缺無，故許其缺減，同喻依可能缺無，故不許其省略。同喻體是義類方面的因同品兼宗同品，所以只要有宗有因，亦即只要有所立法與能立法，同喻體便可成立。如立量云：「聲是無常，所作性故」，有「無常」

爲所立法，有「所作」爲能立法，只要把所作性與無常性聯合起來說：「一切所作的都是無常的」，便有了同喩體。縱使宗是似宗或因是似因，在形式上依然可以有同喩體。如說：「聲是無常，眼所見故」，可把能立法與所立法聯合起來說：「一切眼所見的是無常的」，以作同喩體。甚至如九句因中的第四句「聲是常，所作性故」，亦得以「一切所作的都是常住的」爲同喩體。此一同喩體誠然是有過失的，但在形式上並未缺無。更進一步言之，在體類方面缺無宗同品或因同品時，義類方面的宗同品與因同品並不聯帶缺無。所以只要有所立法與能立法，即可合爲同喩體。如立「聲是所聞」宗，以「所作性故」爲因，有法「聲」與所立法「所聞」，寬狹相等，故在體類方面，缺無宗同品，但在義類方面，則有所聞性爲宗同品，只要把所作性與所聞性聯合起來，便成同喩體。又如立「聲是無常」宗，以「所聞性故」爲因，亦因爲「聲」與「所聞」，寬狹相等，在體類方面，缺無因同品，而在義類方面，則有所聞性爲因同品，亦得聯合所聞性與無常性以爲同喩體。所以除了缺無宗支或缺無因支外，同喩體是不會缺無的。正因爲事實上不會缺無，所以言陳上不妨許其略而不說。

同喩依則不然，頗多缺無的可能。缺無情形可有二種。一爲有宗同品與因同品，而實有的各種事物，或只具所立法，或只具能立法，沒有兼具所立與能立二法的，於是便缺無同喩依了。二爲宗同品與因同品，兩俱缺無，事實上無可用以聯合，或缺無其中的一種，少了一端，沒有與之聯合的對方，於是同喻依亦隨以缺無了。同喻依的缺無情形，上面已經詳述，此處用不到再說。正因其可能缺無，所以不許其缺減。若缺減了，不免令人懷疑；究竟是無可舉而不舉，還是有可舉而不舉。故必須明白說出，以示其並未缺無。同喻依若果缺無，同喻體自不免受到不良的影響。因爲同喻依的缺無，反映着同品定有性的未能完成。同品定有性不完成，同喻體便失其正確。不過同喻依的缺無，其及於同喻體的不良影響，只影響到實質上的正，尙不至於影響到言陳上亦無可舉的程度。所以同喻依雖缺無，同喻體並不隨着缺無。

同喻體與同喻依，亦各須是立敵共許的，各須是極成的。此云極成，兼攝實有極成與依轉極成二者。就同喻體「一切所作的都是無常的」而言，先須共許所作性與無常性的實有，次須共許所作性中具有無常性，亦卽共許無常性之依轉所作性。就同喻依「瓶等」而言，先須共許瓶等及所作性與無常性的實有，次須共許瓶等具有所作性與無常性，亦卽共許此二者之依轉瓶等。同喻體與同喻依的能否極成，完全依因後二相的能否極成而定。因爲同喻體是因後二相歸納所得，同喻依是歸納時所用的資料，所以只要因後二相極成，同喻體與同喻依亦必極成。

現在試說因後二相與同喻體的關係。因的第二相同品定有性與同喻體，粗看起來，好像完全相同。因明學家中亦有作如此主張的，以爲同喻體卽是同品定有性，不過一則見諸言陳，一則未見諸言陳而已。依這些因明學家的說法，因支在言陳上所顯示的，只有第一相，其餘二相未經顯示，所以在喻支內設一同喻體，以便把同品定有性在言陳上顯示出來。但細按之，同品定有性與同喻體，雖具有密切關係，究屬二事，並不完全相同。其不同處，計有二點。其第一點不同，同喻體中所說及的同品，專取義類，同品定有性中所說及的同品，兼取義類與體類。同品定有性是歸納方法的一部分，取瓶等具有無常性的事物爲歸納資料，檢查其中是否有兼具所作性的。在歸納途中，必須依憑具體的事物以觀察所立法與能立法之間有無關係，決不能拋却體類而專取義類。義類是依附於體類的，不能脫離體類而獨立存在。例如無常性與所作性，都依附在瓶上或盆上，不能存於瓶盆等諸種具體事物以外。所以只有依憑體類，纔可以見到義類，若拋却體類，便無由見到義類，更無由看見義類間的關係了。亦即只有在瓶盆等具體事物上纔可以見到無常性與所作性這兩義類，纔可以見其同在，纔可以見其有聯合的可能。若拋却瓶盆等具體事物，而專在無常性與所作性上着眼，是無從發見其關係的。故若不依憑體類而竟於義類之間有所論斷，只是一種沒有根據的空論，配不上稱爲歸納。所以同品定有性必須兼取體類，不得專取義類。同喻體是歸納所得的結論，是從體類上抽象所得的義類間的普徧原理。原理雖以具體事物爲資料，但一經抽象，便超然於資料之外而自成一體，成了理論世界中的一分子，不復是實在世界中的一員。對於原理，只須考慮其能否成立，不必顧及其是否存在。歸納作用必須施行於具體事物上，歸納結果則可以脫離具體事物，所以同喻體可以專取義類，不涉及體類。其第二點不同，同喻體先因後宗，同品定有性則先宗後因，其所先所後，正相顚倒。同喻體是站在因同品上看宗同品，謂一切因同品都是宗同品，亦卽一切具有能立法的，都具有所立法。故因同品是能有，宗同品是所有。同品定有性則站在宗同品上看因同品，其爲徧有者，謂一切宗同品都是因同品，亦卽一切具有所立法的，都具有能立法，其僅爲定有者，謂一部分宗同品是因同品，亦卽若干具有所立法的，具有能立法。故宗同品是能有，因同品是所有，其能有所有，與同喻體中所說的，正相顚倒。同喻體與同品定有性，其所從觀的方面不同，故其涵義不相一致。

同品定有性，是歸納方法的一部分，用以求致同喻體中所說的那條普徧原理，故亦可說：同品定有性是用以證明同喻體的。同品定有性不但與同喻體有別，且亦不能單獨證明同喻體。同品定有性兼攝徧有與定有二種。徧有卽是九句因中所說的同品有，定有卽是九句因中所說的同品有非有。在九句因中，同品有與同品有非有，各有三句，而其中只各有一句是正因，其餘都是似因。那四句之所以成似因，自理則學看來，都出於大前提實質上的過失，亦卽出於同喻體之未能成立。同品定有了，而同喻體猶有不能成立者，卽此可見，同品定有性是不能獨力證明同喻體的。現在試參用理則學上的道理，說明其不能獨力證明之故。同品定有性之爲同品有者，造爲判斷形式，應爲：一切宗同品是因同品，其爲同品有非有者，應爲：若干宗同品是因同品。兩皆以宗同品爲主詞，以因同品爲謂詞，與同喻體的先因後宗，其主詞謂詞正相顛倒。主詞與謂詞，是可以互易其位的。故在以同品定有性證明同喻體時，儘可把主詞倒作謂詞，把謂詞倒作主詞，以期與同喻體先因後宗的法式相符。不過易位所得的，其主詞與謂詞的位置雖與同喻體的法式相符了，其判斷的量，還是不能相符。一切宗同品是因同品與若干宗同品是因同品，各是肯定判斷，其謂詞不一定周徧，故依理則學的規定，只能易作；若干因同品是宗同品，不得易作：一切因同品是宗同品，亦即只能易作特稱判斷，不得易作全稱判斷。但同喻體的法式是全稱判斷，具有普徧性。此一普徧性，不是同品定有性所能證明。

同品定有性之不能證明同喻體的普徧性，其主要原因在於其原判斷謂詞之不一定周徧。試觀九句因，卽可見其不周徧的實例。所謂不周徧，意卽只涉及該名詞所指事物的一部分，未能括盡其全部。如九句因中的第三句，以「聲是勤勇無間所發」爲宗，以「無常性故」爲因。凡具有無常性的事物，如瓶、如電、都是因同品。此因是同品有，故可說：一切宗同品都是因同品，或具體地說：「一切勤勇無間所發的都是無常的」。在此判斷中，因同品「無常」是謂詞，而此謂詞只包括瓶等勤勇無間所發的事物，不包括電等非勤勇無間所發的事物，亦卽只說及無常事物一部分，未括盡無常事物的全部。故此一謂詞是不周徧的。又如九句因中的第九句，以「聲是常」爲宗，以「無質礙故」爲因。凡具有無質礙性的事物，如空、如樂，都是因同品。此因是同品有非有，故只可說：若干宗同品是因同品，或具體地說：「若干常住的是無質礙的」。在此判斷中，因同品「無質礙」是謂詞，而此謂詞只包括空等常住的事物，不包括樂等無常的事物，亦卽只說及無質礙事物的一部分，未括盡無質礙事物的全部。故此一謂詞亦是不周徧的。同品有與同品有非有，其謂詞各有不周徧的實例。把周徧的誤認爲不周徧，其危險小，把不周徧的誤認爲周徧的，其危險大。故在法式上，只好把肯定判斷的謂詞一律認爲不周徧。於是爲了保持推理的正確，易位以後，只許其維持原來的不周徧，除了別有理由證明其事實上確係周徧外，不許其超越範圍而變爲周徧。同品定有性沒有力量證明其謂詞之確屬周徧，所以單靠同品定有性，不能證明同喻體。然則如何方能證明呢？試就九句因中的似因與正因作一比較，當可看見：於同品定有性外，一定要有異品徧無性來幫助，方能作有效的證明。

試以九句因中的第三句似因與第二句正因爲例，作一比較。這兩句有同有異。兩皆同品有，是其同處，一爲異品非有而一爲異品有非有，是其異處，由此已可看見：此兩句之所以一成似因而一成正因，與宗異品之有無因同品，大有關係。在第三句中，如上已述，其爲謂詞的因同品「無常」是不周徧的。其所以不周徧，蓋出於異品有非有。因爲異品有非有，於是爲因同品的無常事物可分爲兩個不同的部分，其一部分爲全部宗同品勤勇無間所發的事物所佔據外，其另一部分則爲一部分宗異品非勤勇無間所發的事物所佔據。在泛言無常性時，誠可總括一切無常的事物，不必顧及其是否勤勇無間所發。但在說「一切勤勇無間所發的都是無常的」時，依照判斷的涵義，其謂詞「無常」應專指勤勇無間所發而無常的，不得兼攝非勤勇無間所發而無常的，亦卽只應說及無常全範圍中的一部分，不得總括其全部。若總括全部而兼攝非勤勇無間所發的，則與主詞顯相牴觸，不能成爲合理的判斷。此一判斷，設於謂詞上亦附量以顯示其全般的眞實意義，應作「一切勤勇無間所發的，是若干無常的」。故在異品有非有時，爲謂詞的因同品，是無從周偏的。第二句「聲是無常，所作性故」，因爲同品有，故一切宗同品都是因同品，具體地說，一切無常的都是所作的。又因爲異品非有，故宗異品常住事物的範圍與因同品所作事物的範圍，兩相離絕，宗異品中沒有一件事物是所作的，反就因同品而論，其全範圍中亦沒有一件是常住的，凡居於其範圍內的，莫不是無常的。故不但泛言所作性時，可以總括一切所作的事物，卽在說「一切無常的都是所作的」時，其謂詞「所作」，在實際意義上，亦可總括一切所作的事物，用不到有所保留。因爲所作的事物之中沒有常住的，一說到所作，一定是無常而所作的，與主詞所說正相呼應，故得盡擧其全部範圍以爲謂詞。此一判斷，設於謂詞上附量以顯示其事實上已盡擧全部範圍，應作「一切無常的是一切所作的」。謂詞既盡擧了全範圍，當然是周偏的了。周偏的謂詞經易位而轉成主詞，仍可保持其周偏，故「一切無常的是一切所作的」，可易位爲「一切所作的都是無常的」，不但與同喻體先因後宗的順序相符合，且亦與其全稱判斷的形式相符合了。原判斷謂詞「所作」的周徧，是異品非有所引致的，是異品非有所證明的。異品非有，即是異品徧無性。故必異品徧無性協助同品定有性，而後始能證明同喻體，亦卽同喻體是因後二相所聯合證明而非第二相所獨力證明的。

「異法者，若於是處說所立無，因徧非有。謂若是常，見非所作，如虛空等。此中常言表非無常，非所作言，表無所作。如有非有，說名非有」，是本節的第三大段，總釋異法喻，又可分爲三小段。「異法者，若於是處說所立無，因徧非有」是第一小段，舉示異法喻的原則，亦可說是異法喻的定義。「是處」指喻而言。「所立」是所立法的簡稱，「所立無」，意卽沒有所立法處，亦卽指宗異品而言。「因」是因支中所說的能立法，亦可說是因同品的簡稱。「因徧非有」的「因」，究竟是能有還是所有，不無疑問，依論下文所舉示的異喻實例，必須把「因」解作所有，定義與實例纔能相符。故「因徧非有」，意卽普徧地不有能立法。故此一小段，可解釋爲：異法喻是在喻中表明：沒有所立法處，普徧地沒有能立法，亦卽宗異品普徧地不是因同品。在此定義中，與異品徧無性同樣，用有一個徧字，表示因同品的非有，必須是普徧地非有，不可稍有例外，亦卽不可有一二宗異品竟是因同品。異法喻亦是用以證宗的，若因同品的非有不無例外，所證的宗亦難保其不爲例外而證明不能奏效了。

「謂若是常，見非所作，如虛空等」，是釋異法喻的第二小段，舉示異法喻的實例。異法喻亦成自兩個部分，與同法喻相同。其第一部分提示普徧原理的，叫做異法喻體，簡稱異喻體，其第二部分，爲原理提供證據或實例的，叫做異法喻依，簡稱異喻依。在以「聲是無常」爲宗並以「所作性故」爲因時，「謂若是常，見非所作」，是其異喻體，「如虛空等」，是其異喻依。

異喻體中的「謂若是常」，即是定義中的「說所立無」，「見非所作」，即是定義中的「因徧非有」。「謂若是常」的謂字，是在說明其下文之爲表示異喻體的判斷，非謂異喻體須用一個謂字來發端。爲異喻體的那個判斷，只須作「若是其常，見非所作」。此一異喻體的形式，亦如同喻體，是理則學上的假言判斷，於非無常與非所作之間提示一條普徧原理，謂沒有宗同品無常性處，一定沒有因同品所作性。假言判斷可以轉變爲定言判斷，故此異喻體亦可作「常的不是所作的」，或概括爲「一切宗異品不是因同品」。

「如虛空等」，是異喻依，是異喻的第二部分。虛空之所以得爲異喻依，因其既不具有所立法的無常性，又不具有能立法的所作性，亦即因其既不是宗同品，又不是因同品。不是宗同品的，必是宗異品，不是因同品的，必是因異品。故亦可說：異喻依是宗異品兼因異品。「如虛空等」的等字，亦是外等，等取虛空以外一切既非無常又非所作的事物。「此中常言，表非無常，非所作言，表無所作。如有非有，說名非有」，是釋異法喻的第三小段，解釋異喩體中所用「常」與「非所作」兩個名詞。「此中常言，表非無常」，意謂異喩體中所用「常」這個名詞，表示着「非無常」的意思，亦卽是用以否定「無常」的。「非所作言，表無所作」，謂「非所作」這個名詞，表示着「無所作」的意思，亦卽用以否定所作性的存在。「常」與「非所作」兩個名詞，都置重於否定，實係異喩體定義所使然。因爲「說所立無」所着重的，是一個無字，「因徧非有」所着重的，是非有二字。「非所作」是一個消極名詞，其着重否定，一見卽可了然。「常」，在字面上，是一個積極名詞，其着重否定，乍看不易看出。因明學家所用的術語中，有表詮與遮詮兩個名詞，有時亦簡稱表與遮。表，謂有所顯示，意卽顯示其具有某種意義。遮，謂有所拒絕，意卽拒絕其具有某種意義。故表詮與遮詮，大體說來，卽是理則學上所說的肯定與否定或積極與消極。但細講起來，却亦不完全相同。依照因明學家的解釋，表詮與詮遮是有關聯的，遮詮可不兼表詮，表詮則一定兼遮詮，斷沒有單表而不遮的。例如「聲」一名，在理則學上，是一個積極名詞，在因明，旣是表詮，同時亦是遮詮。因爲「聲」之爲名，一方面顯示其具有聲音的各種意義，他方面排斥爲色爲臭以及一切不屬於聲音的意義而拒絕其具有。假使只有積極的顯示而沒有消極的拒絕，其意義仍不免不大明確，有引起誤解的可能。所以說到「聲」，必把聲音以外的一切意義拒絕盡淨，令其僅僅涵容聲音所應具的意義，純淨無雜，恰如其分，而後聲音與非聲音的界限始克分明，聲音的意義方能明確。所以必須拒絕聲音所不具的意義，纔能顯出聲音的眞義。顯示既必借助於拒絕，所以表詮必兼遮詮，斷沒有唯表不遮的。亦有名詞，只能有所遮，不能有所表。例如「烏有先生」一名，只是遮詮，不兼表詮。因爲既稱烏有，明是拒絕其爲實有，既非實有其人，便無任何形相與性情之可言，雖欲顯示，亦無可顯示。沒有任何形相與性情可顯示，即等於拒絕了一切形相與性情。只能有消極的拒絕，不能有積極的顯示，所以「烏有先生」是遮而不表的。又如「兎角」，在字面上，雖是積極名詞，但因爲事實上沒有如此的物體，不能具有任何性能，不能具有任何積極的意義，亦只能拒絕，無可顯示。所以「兎角」亦是唯遮不表的。綜上所述，有體或有義，都是亦表亦遮的，只有無體或無義，纔唯遮不表。「常」是積極名詞，當然是有體或有義，故有所表，亦有所遮。「非所作」，在字面上，可說是消極名詞，但在因明看來，還是有體或有義，因爲世間有非所作的事物，所以亦是既表且遮的。「常」與「非所作」，雖各是有體或有義，雖各是既表且遮，但用在異喻體中，因明只取其遮詮的作用，不兼取其表詮的作用。所以說「常」，只拒絕其爲無常，並不顯示其爲常住，說「非所作」，只拒絕其爲所作，並不顯示其爲自存。至於論文「此中常言，表非無常，非所作言，表無所作」所用的兩個表字，只是通常所謂表示，不能解作表詮。因爲說「常」，其意不在顯示其具有非無常的性質，說「非所作」，其意不在顯示其具有非所作的性質。「表無所作」中用有一個無字，更明白表示其爲遮詮而非表詮。

「如有非有，說名非有」，舉「有」與「非有」爲例，以加強說明異喻體中所說及的宗異品與因異品、只取遮詮，不取表詮。「有」是積極名詞，顯示其爲有，「非有」是消極名詞，拒絕其爲有。有字若賦以特殊的意義，則所稱爲「有」的對象以外，其餘事物可稱「非有」，而「非有」可是有體或有義，且可亦表亦遮。但若解作通常所說有無的有，則世間只有「有」的事物存在，沒有「非有」的事物存在。假若有「非有」的事物存在，則「非有」已變成「有」，不復是非有了。論文所說「有」與「非有」，屬於通常的意義，可用「存在」與「不存在」二名作爲解釋。不存在的，稱爲「非有」，其意只在遮「有」，並不欲顯示於存在的事物以外，別有不存在的事物存於世間。其不顯示，亦因縱欲顯示而實無可顯示。故「非有」屬於無體或無義，只是遮詮，不兼表詮。論文舉此以例「常」與「非所作」，正如「非有」之只遮「有」，亦只遮「無常」與「所作」，別無所表。論文兼舉「有」，不過藉以表示所云「非有」之爲「有」的矛盾概念而專以遮「有」爲其任務。

異喻體「若是其常，見非所作」，其所表示的，是同喻體的反面，意謂沒有無常性處，一定亦沒有所作性，普徧地說，即是沒有所立法處，一定沒有能立法。同喻體的任務在於聯合，異喻體是同喻體的反面，故其任務在於分離。因明稱此一作用爲離。其言「若是其常」，即是宗異品，其言「見非所作」，即是將因同品隔離，不讓其隨逐宗異品。綜而言之，異喩體分離宗異品與因同品，不令屬着。異喩體的任務在於分離，故其普偏法式應爲：若是宗異品，則不是因同品，易作定言判斷，應爲：一切宗異品不是因同品，是一個全稱否定判斷。異喩依「如虛空等」，是宗異品兼因異品，則異喩體亦未嘗不可解作宗異品兼因異品。若依此解，則其普偏法式應爲：一切宗異品都是因異品，成爲一個全稱肯定判斷了。全稱肯定判斷與全稱否定判斷，依理則學的規則，可藉變質以轉變。例如「一切常的都是非所作的」，是全稱肯定判斷，一經變質，把「是非所作的」改爲「不是所作的」，便成「一切常的都不是所作的」，而爲全稱否定判斷了。反過來說，全稱否定判斷同樣可藉變質以轉成全稱肯定判斷。這兩種判斷既然可以互轉，似乎任取那一種解釋，都無不可。但依因明的理論講來，必須把異喩體解作否定判斷，方爲確當。異喩體的任務在於分離。若解作肯定判斷，其所表示的，是聯合，是屬着，不是分離，與異喩體的任務不相符合了。又異喩體得自異品偏無性。異品偏無性所重，在於一個無字，故亦必解作否定判斷，方能與之相應。

同喩體必須先因後宗，異喩體則與之相反，必須先宗後因。所謂先宗後因，卽宗異品必居於前陳，因同品必居於後陳，只可說：「一切常的都不是所作的」，不可說：「一切所作的都不是常的」。就異喩體本身而論，原沒有如此嚴格規定的必要。因爲異喩體是一個全稱否定判斷，表示主詞的範圍與謂詞的範圍完全離絕。說「一切常的都不是所作的」

，表示着常性與所作性的不相關涉，不相屬着，說「一切所作的都不是常的」，其所表示的，依然是此一兩相離絕的情況。所以順說倒說，都無不可。因明之所以規定異喻體先宗後因，期與同喻體之先因後宗能相照應。異喻體的目的，並不想自家獨創一條原理，只想輔助同喻體，令其所樹立的原理得以益臻鞏固。因明稱異喻體的功用爲返顯，卽指此而言。所謂返顯，卽是從反面來顯示的意思。如說「若是其常，見非所作」，其目的並不欲於「常」與「非所作」之間新創一條原理，只想從反面來顯示：凡屬所作，一定無常。異喻體何以能返顯同喻體呢？試把異喻體視作定言判斷，並借用理則學的直接推理來講，其理甚易明白。異喻體經過易位與變質以後，卽可轉成同喻體。例如「一切常的都不是所作的」，易位則成「一切所作的都不是常的」，變質則成「一切所作的都是無常的」，便轉成同喻體了。同喻體必須先因後宗，方能順成宗體「聲是無常」。若倒過來說：「一切無常的都是所作的」，則其所順成的，將爲「聲是所作」而不是「聲是無常」。異喻體先宗後因，說「一切常的都不是所作的」，方能返顯「一切所作的都是無常的」。若先因後宗，說了「一切所作的都不是常的」，則易位變質以後，必成「一切無常的都是所作的」，其結果或使異喻體自身喪失返顯的功用，或使同喻體證所不欲證而不證其所欲證。欲避免這兩種不良的後果，異喻體唯有先宗後因。

異喻體「若是其常，見非所作」，分離宗異品與因同品。其所分離的，是常性與所作性，是兩種義，不是兩種體。故異喻體所取的，是同品異品的義類，不是其體類。異喻依「如虛空等」，是宗異品兼因異品，在字面上，好像只取異品的體類，未嘗兼及其義類。實則虛空之所以得爲異喻依，非因其爲虛空，却因其既不具無常性亦不具所作性。所以異喻依所取的，是義類兼體類，亦卽是不具有各該義類的體類。

在法式上，喻支成自兩個部分；一爲同法喻，一爲異法喻，應當兼具，不可缺一。但在實際立量時，依因明通例，不僅異喻體可如同喻體略而不說，連異喻依亦往往不明白說出。合而言之，異法喻是法式上所不可缺無，而是立量時所可缺減的。現在試就異喻體與異喻依分別說明其可以缺減的理由。異喻體亦如同喻體，因其不會缺無，故不妨許其缺減。異喻體是在義類方面分離宗異品與因同品。宗異品是所立法的矛盾概念，所以只要有所立法，一定可以有義類方面的宗異品。至於義類方面的因同品，則只要有了能立法，更不患其缺無了。所以有了「聲是無常」宗與「所作性故」因，便可以有異喻體「一切常的都不是所作的」。縱使在體類方面缺無宗異品或因同品，義類方面的宗異品與因同品，並不受其連累，故異喻體的成立，亦不受其妨害。先就體類方面缺無宗異品者而言。假如有人立宗云：「聲是所量」。有體世界中一切事物，無不可爲人們所思量，故盡是宗同品，無體世界中的事物，雖非實有，亦無不可爲人們所思量，故亦盡是宗同品。此一所立法有着無限大的涵容力，攝盡了一切有體與無體，所以在體類方面缺無宗異品。但義類方面的宗異品，並不因此缺無。有了所立法「所量」，其矛盾概念「非所量」便是義類方面的宗異品。假使此宗以「實有故」爲因，便可成立異喻體云：「一切非所量的都不是實有的」。如此的異喻體，固有實質上的過失，但非形式上的缺無。再就體類方面缺無因同品者而言。如九句因中的第五句，立「聲是常」宗，以「所聞性故」爲因。在體類方面，除宗有法的結果，缺無因同品，但在義類方面，依然有「所聞的」爲其因同品。於是便可分離宗異品的無常性與因同品的所聞性以成異喻體。這是直接就異喻體的構成因素說明其不會缺無。除了直接說明以外，以同喻體的不會缺無爲依據，亦可間接說明異喻體的不會缺無。異喻體可由同喻體變質易位而得。例如同喻體「一切所作的都是無常的」，變質則成「一切所作的都不是常的」，易位則成「一切常的都不是所作的」，便成了異喻體。所以只要有同喻體，就可以有異喻體。同喻體既不會缺無，異喻體亦隨以不會缺無了。

異喻依則不然，是可能缺無的。至於缺無可能的多少，則依看法而有不同。若專着眼於有體的異喻依，則缺無是頗不少的，若兼着眼於無體的異喻依，則缺無是絕無而僅有的。異喻依是宗異品兼因異品。故異喻依之所以缺無，不外兩種情形。其一、有宗異品與因異品，而沒有一種事物能兼此二者。其二、沒有宗異品或因異品，因而沒有一種事物兼具二者。先就第一種情形而論，九句因中的第四句與第七句，都僅着眼於有體的宗異品，遂成異品有。如第四句以「聲是常」爲宗，以「所作性故」爲因。在此比量中，有無常的瓶爲其宗異品，但瓶是所作的，不兼爲因異品。有非所作的虛空爲其因異品，但虛空是常住的，不兼爲宗異品。宗異品與因異品，無有能相兼的，遂釀成異品的缺無。但因明許以無體爲異品，如龜毛、如兎角，得爲任何宗或任何因的異品。就第四句而言，龜毛或兎角，旣不具常住性，又不具所作性，亦卽旣是宗異品又是因異品。故若異品而兼攝無體，則第四句只是異品有非有，不復是異品有，龜毛或兎角儘可爲其異喻依，不會缺無。次就第二種情形而論，宗異品或因異品的缺無，如說異品徧無性時所述，是絕無僅有的事情。必如前述，以「所量性」爲所立法，有體世界中的一切事物莫不可爲人們所思量，故實際上缺無宗異品，無體世界中的一切事物同樣都可爲人們所思量，故理論上亦缺無宗異品。實際上與理論上兩皆缺無宗異品，則縱有因異品，亦無從兼起，於是異喻依自不得不隨以缺無了。或以「所量性」爲能立法，亦如前理，實際上與理論上都缺無因異品。旣無因異品，則縱有宗異品，無從相兼，故異喻依亦必隨以缺無。宗異品或因異品的缺無，旣屬絕無僅有，故隨宗異品或因異品的缺無而起的異喻依的缺無，亦必絕無僅有。綜上所述，在有體世界中缺無異喻依時，可取無體以補其缺，故在通常情形下異喻依雖不若異喻體之不會缺無，但其缺無究是極少數的例外。因其幾於不會缺無，故亦許其缺減。

異喻體與異喻依，亦各須是立敵共許的。異喻體所須立敵共許的，是義類方面宗異品與因同品兩相離絕。異喻依所須立敵共許的，是體類方面的兼爲宗異品與因異品。異喻體與異喻依的能否極成，與異品徧無性的能否極成相呼應。異喻體是歸納所得，異喻依是歸納時所用的資料。故異品徧無性而極成，卽可緣以獲知異喻體與異喻依之亦必極成。

現在試說異喻體與因後二相的關係及後二相之所以必須兼具。同喻體必須同品定有性與異品徧無性聯合起來，方能證明。至於異喻體，則是異品徧無性所能獨力證明的，用不到同品定有性的幫助。異品徧無性是從宗異品看因同品，與異喻體的先因後宗，其順序相同。異品徧無性，意謂宗異品徧無因同品，與異喻體所說一切宗異品不是因同品，其意義亦完全相同。異品徧無性既可單獨證明異喻體，而異喻體經過易位與變質以後，可轉成同喻體，是則異品徧無性又可不煩同品定有性的幫助而間接地證明同喻體。異品徧無性既得以獨力直接證明異喻體，又得以獨力間接證明同喻體，則只要有異品徧無性，便够了，何必還要說同品定有性！這是依理則學上的道理說的，依因明的道理來看，同品定有性還是有說述的必要。其所以有此必要，可於九句因的第五句中見之。該句實例，以「聲是常」爲宗，以「所聞性故」爲因。瓶等無常的事物是宗異品，而瓶等無一具有所聞性，故異品非有，異品徧無性亦於以完成了。異品徧無性既完成，卽可依以成立異喻體「一切無常的都不是所聞的」。此一判斷，依照理則學的規則，易位則成「一切所聞的都不是無常的」，再變質則成「一切所聞的都是常的」，卽成了該比量所需的同喻體。而且「一切所聞的都是常的」，易位則成「若干常的是所聞的」，正表示了同品的定有，亦卽正合於同品定有性的要求。所以異品徧無了，同品應當不會不定有。但在因明看來，此因並非同品定有，却是同品非有。虛空等常住的事物是宗同品，而無一具有所聞性，亦即無一是因同品，故同品非有。同品非有是可能與異品非有並存的，亦即異品雖徧無，同品却不一定因此定有。至於同品非有之所以可能與異品非有並存，緣於宗有法「聲」的範圍與能立法「所聞性」的範圍，其寬狹兩正相等，而宗有法又例須剔除於宗同品之外，於是宗同品就無一能兼爲因同品了。同品非有既與異品非有有並存的可能，異喻體便不一定能轉成同喻體，異品徧無性便不一定能以單獨的力量間接地證明同喻體。所以於異品徧無性之外，還是有說述同品定有性的必要。

已說宗等如是多言，開悟他時，說名能立。如說聲無常，是立宗言。所作性故，是宗法言。若是所作，見彼無常，如瓶等者，是隨同品言。若是其常，見非所作，如虛空者，是遠離言。唯此三分，說名能立。

此是解釋能立的第五節，總結上四節所說。本節所說內容，上來已詳加闡述，用不到再有所解釋。「若是所作，見彼無常，如瓶等者」，是同法喻。「是隨同品言」的同品，當係指因同品而言，謂同法喻所表示的，是因同品後必有宗同品的隨逐。「若是其常，見其所作，如虛空者」，是異法喻。「是遠離言」，意謂異法喻的功用在於分離宗異品與因同品。「唯此三分，說名能立」，謂宗因與喻三個部分合起來所構成的，叫做能立。其所以用一唯字，意在表示，能立只要有宗因喻三支，就够了，合支與結支是沒有什麼用處的。故此唯字，是用以限定能立所由成的支數，並以表示其與古因明五分作法的不同。

雖樂成立，由與現量等相違故，名似立宗，現量相違，比量相違，自教相違，世間相違，自語相違，能別不極成，所別不極成，俱不極成，相符極成。

以上旣說能立，此下說似能立，共分四節，分說似宗似因與似喻。似宗有九種，似因有十四種，似喻有十種，因明總稱爲三十三過。此下是第一節，說似宗九過。此是第一段，略示宗之所以成似的原因，並舉九過的名稱。論文前於說宗體時，曾言：「隨自樂爲所成立性，是名爲宗」。此處所說「樂成立」，即是「隨自樂爲所成立性」的簡語。「由與現量等相違故」的等字，是外等，等取其下所說的八種過失。「隨自樂爲所成立性」，是立宗的要件之一，任何一個宗，必須滿足此一要件。不過此一要求雖滿足，若有現量相違等情形，依然免不了有過失。凡有過失的宗，稱爲似立宗，平常簡稱似宗。似宗共有九種：

㈠現量相違，㈡比量相違，㈢自教相違，㈣世間相違，㈤自語相違，㈥能別不極成，㈦所別不極成，㈧俱不極成，㈨相符極成。在此九種之中，只有第六第七與第八，是宗依方面的過失，其餘都是宗體方面的過失。

此中現量相違者，如說聲非所聞。

現量相違，是與現量相違背的宗，是宗體方面的過失。現量，粗淺地說，是知覺及知覺所得的知識，論文此處所用現量一名，即是此義。故現量相違，即是與知覺或與知覺所得的知識相違背。因明學家很重視現量，以爲現量所得，比諸比量所得，往往更爲可靠。故凡與現量相違的宗，都是似宗。論文舉「聲非所聞」爲現量相違的例。聲音之爲所聞，是從知覺方面所能獲致的眞理，今言「聲非所聞」，明與眞理相違，故成過失。於此有一個值得研討的問題：究竟違背了誰的現量，纔算似宗？現量亦有自他與共的分別。立者自己的現量是自現量，敵者的現量是他現量，立敵所共的現量是共現量。若耳聽的人對天生聾者建立此宗，只是違背自現量，並未違背他現量。宗體要違他順自，今反違自順他，其爲過失，無可置疑。若天生聾者對耳聽的人建立此宗，只是違背他現量，並未違背自現量，正合於宗體違他順自的規則，應當不是過失。又若耳聽的人對另一耳聽的人建立此宗，則違背共現量，亦應當是過失。共現量是自現量與他現量的綜合，共現量之中，有一部分是自現量，有一部分是他現量。依照宗體違他順自的規則，違背共現量之所以成過失，應當只以違背自現量的這一部分爲因素，至於違背他現量的那一部分，應當與此過失沒有關係。經此分析，現量相違之所以成爲過失，完全起於自現量的相違。不過如此解釋，或疑與宗體之「隨自樂爲所成立性」，不無牴觸。因爲旣違背自現量，便不應當樂爲成立。但論文於此，在「樂成立」上用有雖字。此一雖字，正表示其一方面是樂爲成立的，他方面却有所違背，亦卽表示了立者當時的樂爲成立，出於一時的疏忽。現量相違，可有全分相違與一分相違的分別。全分是全部的意思，一分是一部分的意思。論文所擧的例，是全分相違。若說：「聲與色非所聞」，則成一分相違，此宗以「聲」與「色」爲有法，分析起來，實在是兩個宗。「色非所聞」，不違現量，「聲非所聞」，方是過失。現在把兩宗聯成一宗，全宗之中，只有一部分違背現量，故稱一分相違。

比量相違者，如說瓶等是常。

比量相違是與比量相違的宗，亦是宗體方面的過失，論文以「瓶等是常」爲其實例。所謂比量，細分起來，一方面有比量的作用，他方面有比量所得的結論。「瓶等是常」所違的，是比量的作用呢，還是比量所得的結論？旣稱比量，一定有因，論文未經擧及。試以「聲是無常」爲例，不妨推定：論文所未擧及的那個因支，亦是「所作性故」。所作性所能證明的，是無常性，不是常住性，亦可說：所作性是無常性的正因，卻是常住性的似因。今言「瓶等是常」，可謂違反了比量的作用，亦可稱之爲宗違正因。「所作性故」因所能證明的，是「瓶等無常」，故「瓶等無常」方是正宗。今言「瓶等是常」，正與相違。從此一觀點來看，相違是違背了比量所得的結論，可稱之爲宗違正宗。然則比量相違，究應解作宗違正因，還是應當解作宗違正宗？這兩種看法，是可以融洽的，並不牴觸。因爲必先比量的作用正確無誤，而後比量所得的結論纔能顛撲不破，亦卽必須先有正因，而後始能有正宗。所以違反正宗的，亦必違反正因，違反正因的，亦必違反正宗，一定兩者皆違，不會一違而一不違的。不過其違反正宗，較爲直接，其違反正因，較爲間接。所以因明學家中，有偏取宗違正宗的說法。宗違正宗，纔是過失，若所違的是似宗，便不一定是過失。所以因明學家中，有人強調比量相違的前邪後正。此云前後，是指立說的前後。立者先說：「瓶等是常」，於是敵者指責其比量相違。立者的宗說在前，故稱前宗。敵者指責時所提示的宗，說在後，故稱後宗。前宗一定有過失，後宗一定是正宗，故曰前邪後正。比量相違，直接有違於宗，間接亦有違於因。而此所違的因，必須是本因。立者立「瓶等是常」時，所用的因若是「所作性故」，則敵者於指責其爲比量相違時，仍須用此因，不得用別的因。假使用了別的因，縱能證明立者原立的宗爲似宗，亦屬於別種過失，不復是比量相違。比量相違所違的，是立敵共許的因，其所以成過，亦出於違自部分，至於違他部分，與過失無關。

自教相違者，如勝論師立聲為常。

自教卽是立者自己所崇奉的教義。無論那一宗派或學派，一定各有其獨特的主張，以與他派對立。凡屬於某一派的人，必以其所屬宗派或學派的主張為主張，不與之相違。一個宗派或學派，其所以能够蔚然成派，必其教義或學說具有一貫的整套理論，其各條目息息相關，互有牽涉。今若對於某一事，隨便作相反的主張，很容易破壞全般的理論而自陷於矛盾之境。所以自教相違，亦是似宗。論文所舉的例，是勝論師所立的「聲是常」宗。勝論是印度哲學的一派。在上古時代，有一學者，名叫鵂鶹，著有六句論一書。此學派之所以稱為勝論，謂其出於勝人所創，或謂其學說在諸種學說之中最為優勝。所謂六句者，意卽六大種類或六大範疇。此六大範疇：一為實，二為德，三為業，四為有，五為同異，六為和合。世間一切現象，莫不可以括入此六大範疇之內。第二句的德，又可分為二十四目，聲音是其中的一目。依勝論的義理，聲音是無常的，勝論的學者若主張「聲是常」，便與自教相違了。

因明說到量，只承認現量與比量二種，一切知識，莫不以此二量為淵源，故一切教義與學說，亦應莫不得自此二量。勝論之主張「聲是無常」，必是勝論學者現量或比量的所得。然則自教相違必是現量相違或比量相違，二者必居其一。反過來說，現量相違與比量相違合起來，應當卽是自教相違的全部，此外不應當別有自教相違。由此說來，自教相違應當是總類，而現量相違與比量相違只是此總類下的兩個分類，這三種相違似乎是不應當並列的。然則因明爲什麼要分設三過呢？試爲探索，亦非無故，試分爲兩層來說。其一、前二過與此一過，雖可相通，但其觀察點則不相同。前二種過是從知識的淵源上觀察的，此一種過是從教義的體系上觀察的。勝論學者的主張「聲是常」，從其知識的淵源來觀察，未嘗不可稱之爲現量相違或比量相違，當作全部教義中的一個條目來觀察，則應是自教相違。觀察點既有不同，故不妨分設。其二、教義或學說之必得自現量或比量，就該派的始創者而言，確是必然的情形，但就後繼者而論，則未必盡然。後繼的學者中，誠亦有人，以自己的現量或比量爲印證而後始信奉其教義或學說，却亦有人，但知師承舊說，未嘗以自己的現量或比量爲印證。就前一種人而論，自教相違不失爲現量相違或比量相違，就後一種人而論，則自教相違只是自教相違，不是現量相違或比量相違。爲概括一切信奉的人起見，於現量相違與比量相違之外，另設自教相違一過，未可謂爲無其必要。

把自教相違定爲過失，很容易引起一種嫌疑：人人都不敢自教相違，豈不要阻礙知識的進步！無論宗教或學問，在理想上都希望其有進步，在事實上亦的確都是有進步的。而宗教或學問之所以有進步，無非由於新教義或新學說的創建。新教義與新學說之中，誠亦有只是補充舊說或引申舊說而並不與之相違的，但重大的創建，其足以令宗教或學問一新面目的，往往與舊說不無牴觸。今若以其有違自教，一概斥爲過失，豈非迫令故步自封，而把進步的萌芽予以絕滅嗎！實則因明的本意，亦不如是。因明之設立此過，意在維持教義與學說體系的完整，不任其支離破碎，不任其自相矛盾。立者若果發見自派的理論有缺點，有錯誤，另創新說以改革舊說，亦是因明所許可的。因明自身就有如此的實例，如限定宗因喻三分爲能立，如改造合支爲喻體而納入喻支之中。假使拘泥於自教相違的過失而不敢改革，便不會有新因明的發展了。不過在立論有違舊說時，應當用簡別語以表明其不依照自派舊來的說法。因明稱這種簡別爲勝義簡，意卽依照勝義或依照眞理應當如此主張。有了簡別語，卽可以免除自教相違的過失。所以因明雖設有自教相違這種過失，却別有救濟的途徑，令其不致阻礙知識的進步。

世間相違者，如說懷兎非月，有故。又如說言人頂骨淨，衆生分故，猶如螺貝。

此處所說的「世間」，可用現代語社會二字作解釋。因明學家把世間分成兩種：一爲非學世間，卽是通俗社會，二爲學者世間，卽是學術社會。論文說此過，依其所舉的實例來看，似乎是偏就通俗社會方面立說的。通俗社會有着許多衆人所共信的道理，其中有合理的，亦有不合理的。立者立宗，若違反衆人的共信，便成世間相違的過失。論文於此，舉了兩個實例。在第一實例中，「懷兎非月」是宗，「有故」是因，同喩則未舉及。在第二實例中，「人頂骨淨」是宗，「衆生分故」是因，「猶如螺貝」是同喩依。關於第一實例，印度有一則神話：在太古時代，某地森林中，有狐兎猿三個動物，篤行仁義，天帝欲考驗他們，化爲一個饑餓的老人，向他們求食。於是狐啣來了一條鯉魚，猿採來了好些水果，兎一無所獲，遂把自己燒死供食。天帝很憐憫他，將其遺體送往月中。於是民間都相信，月內是懷有兎子的。今立宗云：「懷兎非月」等於說：「月非懷兎」，正與民間所共信的相反，縱使因喩俱正，還是免不了有世間相違的過失。關於第二實例，古時有一宗派的人，把人的頂骨穿起來，作爲裝飾品。一般人們都相信，人的頂骨是不潔淨的，所以譏笑他們。他們便立此比量來對抗，以「衆生分故」爲因，以「螺貝」爲同喩依，用以證明人頂骨的潔淨。此一比量是否能立，亦即所用因與喩能否確切證明其宗，因明學家中不無異見。不過不論其比量是否能立，其宗旣違反衆人所共信，總不免是世間相違。

世間相違亦屬宗體的過失，但若以宗體的規則爲衡量標準，因明設此過失，難免令人有奇妙之感。宗體原來必須違他順自，故必宗體違自或順他，方成似宗。前三種相違之所以成過，都因其不能順自。今言「月非懷兎」、「人頂骨淨」，旣違他，又順自，正合於規則所要求，而猶斥爲過失，是以違他爲過，對於宗體的規則成了一種特殊的例外。因明之設此不合宗體規則的過失，試爲代求其故，亦有可得而說者。其一、如前已述，因明是理則學兼辯論術，於重視是非外，亦頗重視勝負。依此主旨，能立必須既是且勝，纔算盡了所負悟他的任務。所謂是者，卽所立的宗必須是正理，所謂勝者，卽是能令他人捐棄邪見而接受其主張。設若所立的宗雖是正理，而不能取信於人，還是未能收開悟的功效，亦卽未能盡其所應盡的任務。所以有了正理，還要有致勝的把握。倘然全無把握，不如不說，以免徒勞無功。且所謂致勝，除了說服敵者以外，還要使證義者都能領悟其所說爲正理。故又須把握得住證義者，方纔克奏全功。在非學世間，敵者與證義者都相信月內有兎，且依因明法式，必先說宗，然後再說因與喩。立者纔說：「月非懷兎」，未及申說因與喩，衆人已譁然斥爲妄說，一開始，就失敗了。因明有鑒於此，故設此過以爲戒，教人謹愼立宗，免致無謂的失敗。其二、前說現量相違時，曾經說及，若有天生聾者對耳聽者立「聲非所聞」宗，違他順自，應是正宗，不能斥之爲現量相違。但「聲非所聞」究非眞理，未可因其不違立者自己的現量而許其成立。好在衆人都知道聲音之爲可聞，一經繩以衆人的共信，卽能勘定其爲過失。所以世間相違別有用處，足補宗體過類的不足。

世間相違雖是過失，但不可過分重視。衆人所共信的道理，固甚多合理的，如二加二之等於四，如太陽之出自東方。這些合理的共信，當然是不可違背的。但亦有許多道理，是不合理的，月中有兎，卽其一例。社會上流行着許多不合理的知識，若爲了避免世間相違，老是依順大衆，不敢破除，則社會的知識水準，勢必停滯，無法提高。所以因明對於世間相違，與自教相違同樣，許作勝義的簡別。立宗之前，預作聲明，所立的宗是依照勝義的。一經如此簡別，則「月非懷兎」便可不復有世間相違的過失。

以上是就非學世間說的，就學者世間而論，其理亦同，對於此過，不可忽視，亦不可過分重視。故意標奇立異以違反通行的學說，以造成世間相違，則是應當避免的。若經過愼密的研究，發見通行的學說未能切合事理，另創新說以爲替代，則雖屬世間相違，不但不應當避免，而且是應當提倡的。若連這樣的世間相違亦力予避免，學術怎能有進步的希望！所以出於眞知灼見的世間相違，只要加上簡別語，因明亦不認其爲過失。

自語相違者，如言我母是其石女。

自語相違，是一句自相矛盾的話，其爲過失，出於宗體本身結構上的缺陷，故雖是宗體方面的過失，却與違他順自那條規則沒有關係。宗體成自體與義的結合，用以表示：體能有義，而義爲體所有。所以前陳的體與後陳的義，必須互能容納，方可結合。若體與義，兩相牴觸，該體必不能有該義，該義必不能爲該體所有，則其所結合以成的宗，必有過失，不能成立。論文以「我母是其石女」爲例。「我母」是生我的親母，「石女」是不會生育子女的女子。既是生我的親母，可見已經生育過子女了，若是不會生育的女子，又怎會是我的生母！此體與此義，兩相牴觸，不能互容，只可就以作否定判斷，不得就以作肯定判斷。今乃不顧事理，竟作肯定判斷，遂成自語相違。故自語相違，即是體與義的相違。論文所擧的例，在解釋時，必須把「我母」解作生母，方成自語相違，若解作繼母或養母，當然不是自語相違了。古人有些論斷，乍看直是自語相違，但細按其意義，却又不然。故欲判定某宗是否自語相違，應當謹愼從事，細察言語內部所涵的意義以爲依據，不可徒爲言語的外表所拘束。例如論語中有「觚不觚」一語，從字面上看，前陳爲「觚」，後陳爲「不觚」。「觚」與「不觚」，是兩個互相矛盾的概念，合爲一句，豈不自語相違！實則前陳中的觚字與後陳中的觚字，其字雖同，其意義並不完全相同。後陳中的觚字所着重的，是觚原來所應有的形狀或作用，前陳中的觚字所着重的，是觚在當時所實有的形狀或作用。所以「觚不觚」的眞義，謂現在觚的形狀或作用，不與當初相同了。所以「觚不觚」一語，只是貌似的自語相違，並不是眞正的自語相違。

能別不極成者，如佛弟子對數論師，立聲滅壞。

此是宗依方面的過失。論文於說宗依時，曾經說過，「謂極成有法，極成能別」。所以依照因明規則，兩個宗依各須極成，亦即各須立敵共許其爲實有。現在能別不極成，違反了這條規則，故成似宗。論文所擧的例，是佛弟子對數論師所立的「聲滅壞」宗。數論是印度哲學的一派，用智數來量度一切，故稱數論。數論把世間一切，略分爲三大類，細分爲二十五類，總稱二十五諦。其三大類：一爲自性，二爲變易，三爲我知者。第二大類的變易，共攝二十三諦，不是新生的，只是自性所轉變的。我知者，即是神我，能受用一切。自性與神我，雖有時不發動任何作用，但其體總是常住的。中間的二十三諦是無常的，聲音是此二十三諦中的一諦。但數論所說的無常，與佛家所說的不同，只是轉變的無常，不是生滅的無常。在數論看來，一切現象，根本不會滅壞，只是時常轉變而已。現在佛弟子對數論師立「聲滅壞」宗，有法「聲」是立敵共許爲實有的，故極成，能別「滅壞」的實有，只是立者所許而非敵者所許，是自有他無義，故不極成。能別不極成之爲過失，當然是就共比量說的。立者若於不極成的能別上加一簡別語，如「我許」，表明其只爲自有義，不是兩俱有義，便可不復有能別不極成的過失了。不過如此簡別以後，只是自比量，不是共比量，只能有立自的作用，不能有破他的功能。依據同樣的道理，在作他比量時，可用他有自無義作能別，只要加上簡別語「汝許」，便可免能別不極成的過失。

所別不極成者，如數論師對佛弟子，說我是思。

此亦是宗依方面的過失。其所以成過，與能別不極成完全相同，亦出於違反了宗依必須極成的規則。論文所舉的例，是數論師對佛子所立的「我是思」宗。數論所說的「我」

，即是我知者，亦即是神我，其體常住，受用一切。神我想受用時，自性便使中間的二十三諦變易，以供其受用。想受用，即是思，故說「我是思」。佛教雖亦常用到我字，但佛教所說的我，通常只指假我而言，亦是無常的。至於常住的神我，是佛教所不承認的。所以此宗的有法「我」，只是自有他無體，不是兩俱有體，故不極成。其能別「是思」是兩俱有義，是極成的。所以此宗所犯的過失，是所別不極成。所別不極成與能別不極成，同樣是共比量中的過失。若用簡別語「我許」以作自比量，或用簡別語「汝許」以作他比量，當然不復有此過失了。

俱不極成者，如勝論師對佛弟子，立我以爲和合因緣。

此過是結合前二過而成的。在前二過中，兩個宗依之中，一個極成，一個不極成，此過則兩個宗依都不極成。所以過名中所用的「俱」字，不是指立與敵，而是指前陳與後陳。一個宗依不極成，已經是過失，兩個宗依俱不極成，當然更是過失了。論文所舉勝論的宗，以「我」爲有法，以「和合因緣」爲能別。勝論所說的六句，其第一句是實。實分九種，「我」是九種中的一種，「和合」是其第六句。佛教只承認有假我，不承認有實我。有法「我」是自有他無體，故不極成。佛教雖亦承認和合，且亦承認因緣，但不承認有所謂和合因緣。故能別「和合因緣」是自有他無義，亦不極成。這樣的宗，在共比量內，不可成立。若於有法與能別上，各加簡別語「我許」以作自比量，則可免過失。又若作他比量，以他有自無體爲有法，以他有自無義爲能別，而各於其上加簡別語「汝許」，同樣亦不能責以此過。

相符極成者，如說聲是所聞。

此又是宗體方面的過失。相符，謂立敵雙方的看法互相符合，極成，是立敵共許其能別於有法上轉，係指依轉極成而言。故所謂相符者，即言立者所立的宗，正與敵者的主張相符順，並不牴觸。如論文所舉的例「聲是所聞」，除了天生聾者可能不表同意外，無論何人，莫不首肯，不會有持異議的。照常理說來，立敵兩俱承認的宗，不應當是過失，縱使不合事理，亦不應當因其相符而成過失，何況「聲是所聞」又是切合事實的眞理！但因明的能立，其目的在於開悟他人。「聲是所聞」，既是大衆所公認，亦必是敵者所首肯。敵者早經了悟此理，故用不到再爲開悟，用不到開悟而猶從事於開悟，徒勞無功，不合能立的目的。因明本此目的，以違他順自爲宗體的條件，凡不合此條件的，都是過失。現量相違，比量相違與自教相違，因其不能順自，故成過失，相符極成則因其不能違他而成過失。徧所許宗與先業禀宗之所以不能爲眞宗，亦正因其爲相符極成。

論文前說現量相違時，擧「聲非所聞」爲例，今說相符極成，又擧「聲是所聞」爲例。「聲非所聞」與「聲是所聞」，是兩個相反的判斷。這兩個相反的判斷，依論文所說，同有過失，同是似宗。兩個相反的全稱判斷，依理則學的道理來說，本來不能同眞，却可以同似，不一定是一個似了另一個必眞。因爲有法中所說的事物，可能只有一部分有所立法，其另一部分不有所立法。就聲音而論，人們所能聽到的，有一定的限度，過高的與過低的聲音，都是人們所不能聽到的。所以聲音之中，有一部分是所聞的，有一部分是非所聞的。故若籠統地斷言：「聲是所聞」，應是過失，反之，籠統地斷言：「聲非所聞」，亦應是過失。但因明之所以判定這兩個判斷同爲似宗，並非依據此一道理，其所依據的，是立敵的關係。耳聽者對另一耳聽者立宗時，「聲非所聞」纔是現量相違，「聲是所聞」纔是相符極成。天生聾者對耳聽者說「聲非所聞」，不復是現量相違，且自違他順自一點看來，可是眞宗。耳聽者對天聾者說「聲是所聞」，不復是相符極成，違他順自，亦是眞宗。所以「聲非所聞」與「聲是所聞」之是否同爲似宗，不是固定的，是隨立敵的關係而可轉變的。在某組立敵之間，雖同是似宗，在另一組立敵之間，可能是一眞一似，亦可能兩者都眞。

如是多言，是遣諸法自相門故，不容成故，立無果故，名似立宗過。

此是說似宗的末一段，總結以上所說，並把九種似宗之所以成過，歸併爲三大理由：一爲遣諸法自相門，二爲不容成，三爲立無果。「遣諸法自相門」一語中的「自相門」三字，因明學者間頗有異解，現在只作粗淺的解釋。「遣」是遣之使離去，「諸法」是諸種事物，「自相」是自己所實有的情況，「門」是門徑，所由以進入正智。「自相門」，卽是由以獲知事實眞相的途徑。「遣諸法自相門」是前五種相違過成過的理由。現量與比量，原是一切正智的源泉，亦卽是「諸法自相門」，立宗與之相違，是遣之離去正確的門徑而走入了岐途。自教與自語，亦可說是進入正智的門徑，故與此一解釋亦尙符順。唯有世間相違一過，與此一解釋不盡相符。因爲世人所共信的道理之中，雖有合理的，却亦有甚不合理的，未可一槪視作正智的源泉。故此一解釋不無瑕疵，但大體上尙足用以說明五種相違之所以成過。「不容成」，意卽不能容其構成一個眞宗，是中間三種不極成所以成過的理由。依照因明的規則，宗體必須由兩個極成的宗依所構成。三種不極成，或是一個宗依極成而另一個宗依不極成，或是兩個宗依都不極成，自不能容許其構成宗體。「立無果」，意卽立宗得不到應得的效果，是相符極成所以成過的理由。因明立宗，旨在開悟他人。相符極成宗所說的道理，敵者早經了悟，收不到新開悟的效果，故稱立無果。

已說似宗，當說似因。不成，不定及與相違，是名似因。

此下說似因，共分四大段。此是第一大段，總說似因共有三大類：一爲不成，二爲不定，三爲相違。

不成有四：一兩俱不成，二隨一不成，三猶預不成，四所依不成。

此是第二大段中的第一段，總說不成因，並舉示過失的種數與名稱。因有三相，必須具足，方能成正因，缺少任何一相，都成似因　不成因起於因第一相的未能完成，共攝四類：一爲兩俱不成，二爲隨一不成，三爲猶預不成，四爲所依不成。因的第一相爲徧是宗法性。因，必須徧是宗有法的法，方有證明宗的力量。假使不是宗法，或雖是宗法而不徧，便不能有證宗的力量了。其徧是宗法，必須爲立敵所共許，且必須爲立敵所決定共許，易辭言之，因於有法，必須依轉極成，且其依轉極成，又必須是決定而無疑的。故凡不極成或極成而猶有可疑的，都是似因。四種不成因之所以稱爲不成，正因其不極成或因其極成尚有疑義，未臻決定。故所謂「不成」，卽是徧是宗法的不極成。因明學家中有釋「不成」爲不能成宗的，有釋「不成」爲自不成因的。依第一釋，成字是成立之義，着眼於因與宗的關係以立說的。依第二釋，成字是成就之義，着眼於因的本身以立說的。此二種解釋，可以相容，且具有因果的關係。因支原是用以證明宗體，使宗體底於成立，無可動搖。故凡無力使宗體成立的，自可稱之爲不成。就因本身而言，旣沒有證宗的力量，不能盡因所應盡的責任，自亦不成其爲因了。故自不成因，可說是不能成宗的結果。但試求其不能成宗之故，則無非因其徧是宗法之未能極成。所以徧是宗法的不極成，應是不成因之所以稱爲不成的根本意義，至於不能成宗與自不成因二義，都是由此所衍生。

如成立聲爲無常等，若言是眼所見性故，兩俱不成。

此是第二大段中的第二段，釋兩俱不成。所云「兩俱」，係指立敵雙方而言。論文所擧的例，以「聲是無常」爲宗，以「是眼所見性故」爲因，據大疏說，是勝論對聲論所立的。聲音之非眼所能見，是大家所熟知的。故眼所見性之於聲音上依轉，不但是敵者聲論所不許，亦是立者勝論所不能首肯的。因的徧是宗法，必須是立敵所共許，所以因明稱能立法爲共許法。眼所見性，立敵兩俱不許其在宗有法上依轉，本應是共許法的，竟是共不許法。共不許法，當然不是宗法，不是宗法，當然不能證宗。所以兩俱不成，必是似因。眼所見性，根本不能於聲音上依轉，所以不但不能證明「聲是無常」，凡以「聲」爲有法的任何一宗，都非此因所能證明。論文於「如成立聲爲無常等」中用一等字，卽所以表示此意。此過有全分與一分的分別。論文所擧的例，因爲眼所見性不是宗法，故是全分兩俱不成。假若立「聲常」宗，以「咽喉所發性故」爲因，則是一分兩俱不成。因爲立敵兩俱只許此因於內聲上依轉，兩俱不許其依轉於外聲。故凡其因是宗法而不徧的，都是一分過。

所作性故，對聲顯論，隨一不成。

此是第二大段中的第三段，釋隨一不成。「隨一」，意卽立敵雙方中的一方，所以隨一不成，卽是立敵雙方中的一方不許其因爲徧是宗法。因之爲徧是宗法，必須是立敵所共許，旣有一方不許，便不能成爲正因。立敵中的任何一方都可稱爲隨一，故單稱隨一，可以是自隨一，亦可以是他隨一。因此，隨一不成，可以是自隨一不成，亦可以是他隨一不成。論文所擧的例，是他隨一不成。其所以偏擧他隨一不成爲例，殆因立共比量時，自隨一不成是不大會有的，較易發生的，是他隨一不成。論文擧例，只擧了「所作性故」因，未擧及宗。其所略而未擧的宗，卽是兩俱不成中所說的「聲是無常」。「對聲顯論」，謂若用此因以對聲顯論，則成隨一不成，若對他敵，則不定有此過。聲顯論主張：聲音本是常住的，只是隨緣顯現而爲人所聞，不是隨緣新生的，所作性是生起的意思，所以不許其在聲音上依轉。隨一不成只是共比量中的過失。他隨一不成而用有簡別語「我許」以作自比量，自隨一不成而用有簡別語「汝許」以作他比量，自不復能責以此過了。

於霧等性起疑惑時，爲成大種和合火有而有所說，猶預不成。

此是第三大段的第四段，釋猶預不成。所謂猶預不成者，謂因之依轉有法，不甚確定。在前二種不成中，因的依轉有法，或立敵雙方俱不許，或一方許而一方不許，其許與不許，都是判然明確，沒有絲毫疑惑的存在。在此一不成中，因似乎依轉有法，又似乎不依轉有法，其依轉與否，立敵雙方或一方存有疑惑，未能斷然論定。所以猶預不成中的因，是一個可疑的因，不是一個決定的因。此種可疑的因，因明學家中有稱之爲猶預因的。用猶預因做論據，其所證明的宗，一定亦是可疑的，是猶預的，不是決定的。因明的目的，在於開悟他人，令其發生決定正智。今以猶預因成猶預宗，其所啓發的，是猶預不定的智，不能符合因明本旨，所以因明列爲過失。論文此處所舉的例，只說明立量當時的情形，未明白說出宗與因的具體形式。「於霧等性起疑惑時」的等字，等取塵與烟。遠望彼處，看見有濃灰色的東西由地面升起，究竟是霧是塵還是烟，看不清楚，所以疑惑躊躇，不易決定，很像是烟，但亦未能確然斷定。論文此語，表示立量當時立敵對於遠處所見疑惑不決的情況。「爲成立大種和合火有」，意卽爲了要想建立「大種和合火有」這個宗，「而有所說」，意卽因此舉因來證明。「大種和合火有」，意卽彼處有大種和合火。印度古代思想，謂一切物質現象成自四種原素：地、水、火、風，稱爲四大。火是四大之一，到處都有，不僅存於爐竈等處，爲了與爐竈等處的火分別起見，稱爲性火，而把爐竈等處的火稱爲事火。事火是有燄有烟的，亦不像性火那樣到處都有。事火的生起，不單靠火大，要有地大爲其燃燒的材料，要有風大爲其供給養氣。所以事火是由諸大和合而成的。論文所說的「大種和合火」，即指事火而言。綜上所述，所欲建立的宗，當是「彼處有事火」，所用以證明的因，當是「有烟故」。論文雖未明白說及烟，但「霧等」的等字必兼攝着烟。除烟以外，不能爲「有火」之因，故可推定其因如上。論文概括地說：「於霧等性起疑惑時」，可由以想見，在立量當時，立與敵都懷有疑惑。爲了表示立者亦懷有疑惑，因中應加一似字，作「似有烟故」。猶預因所證明的，只是猶預宗，故其宗亦應作「彼處似有事火」。此因爲立者所同疑，故是兩俱猶預不成。若立敵之中，只有一方懷疑，則成隨一猶預不成。

虛空實有，德所依故，對無空論，所依不成。

此是第二大段中的第五段，釋所依不成。因與宗有法之間，有着依轉關係，因依轉於宗有法，宗有法爲因所依轉，故因是能依，宗有法是所依。所依不成中所說的「所依」，即指宗有法而言。所依不成是怎樣一種過失？試先說論文所舉的例，然後依以說明此過的意義。「虛空實有」是宗，「德所依故」是因，敵者爲無空論。立者爲誰，論中未說，大疏謂係勝論。勝論的第一句是實，第二句是德。實有九種，虛空居其一，德有二十四種。每實各有若干德。虛空有六德：數、量、別性、合、離、聲。九實都有德，各爲德所依，故舉「德所依故」爲因，以證虛空的實有。敵者爲無空論，如其名稱所示，不承認有虛空。故有法「虛空」，是立者所認爲實有，而是敵者所認爲無有，亦即是自有他無體。故所謂所依不成者，即言有法是無體，能立法沒有所依處，無從極成依轉，遂亦無力證宗。有法是有體時，能立法雖不一定能依轉其上，不過尙有依轉的可能，今有法是無體，能立法根本無可依轉，自更不能偏是宗法，所以成似因。此一種不成與前三種不成之所以成過，同出於第一相的不能完成，不過其所以不能完成，稍有不同。前三種不成中的宗有法是有體，能立法有可依轉處，只是不於其上依轉，此一種不成中的宗有法是無體，能立法無可依轉處，纔不依轉。所依不成的宗有法是無體，故凡在因是所依不成的，在宗一定是所別不極成，這兩過是有聯帶關係的。所別不極成只是共比量中的過失，加了簡別語以作自比量或他比量，不復成過，所依不成亦與相同。

不定有六：一共，二不共，三同品一分轉異品徧轉，四異品一分轉同品徧轉，五俱品一分轉，六相違決定。

此下是釋似因的第三大段。此是第三大段中的第一段，舉示過失的種類與名稱。不定因共有六種：一爲共，二爲不共，三爲同品一分轉異品徧轉，四爲異品一分轉同品徧轉，五爲俱品一分轉，六爲相違決定。第一類的四不成因，是因第一相的過失，此第二類的六不定因，其前五種，是因後二相的過失，或出於同品定有性的未能完成，或出於異品徧無性的未能完成。依因後二相的要求，能立法必須爲若干宗同品所有，同時又必須爲一切宗異品所無。這兩項要求，必須同時滿足，而後所證明的宗方能是決定正智。今若能立法雖爲宗同品所有而同時亦爲宗異品所有，或雖爲宗異所不有而同時亦爲宗同品所不有，則既不能證明其所欲證明的宗，亦不能證明其相反的宗。如此的因，不能決定地證明一宗，故稱之爲不定因。第六種的相違決定，與前五種過失有別，非出於同品定有性的未能完成，亦非出於異品徧無性的未能完成。立敵各用一個正因，證明了兩個相反的宗，旗鼓相當，不分勝負，誰是誰非，無可決定，故亦歸入不定因中。

此中共者，如言聲常，所量性故。常無常品，皆共此因，是故不定。爲如瓶等所量性故，聲是無常，爲如空等所量性故，聲是其常。

此是第三大段的第二段，釋第一種不定因。因明學家有時稱此一似因爲共不定。共不定，即是九句因中的第一句同品有異品有。論文所舉的例，是聲論對佛弟子所立，以「聲常」爲宗，以「所量性故」爲因。「常無常品」，意卽常品與無常品。「常」是所立法。凡具有常性的事物，稱之爲常品，在此比量中，是宗同品。凡不具有常性的事物，稱之爲無常品，在此比量中，是宗異品。「皆共此因」，謂常品是所量的，無常品亦是所量的，宗同品莫不有此因，宗異品亦莫不有此因，同異雙方共有此因。此因同品有，故同品定有性是完成了的，同時又是異品有，故異品徧無性未能完成。所以此因是第三相的過失。「爲如瓶等」以下，說明此因所以稱爲不定的理由。瓶等是無常品，是宗異品，而有所量性。設以此爲準，則聲音旣是所量，便應當是無常的。但空等是常品，是宗同品，亦有所量性。設以此爲準，則聲音旣是所量，又應當是常的。具有所量性的事物之中，有是常的，有是無常的，究應以何者爲準，判定聲音的是常與無常，依理而言，此二者皆不足以爲準，無從決定聲音的是常或無常，故此因是不定因。至其所以不定，起於宗同品與宗異品的共有此因，故稱共不定。

言不共者，如說聲常，所聞性故。常無常品皆離此因。常無常外，餘非有故，是猶預因。此所聞性，其猶何等！

此是第三大段中的第三段，釋第二種不定因。因明學家有稱此一似因爲不共不定。此一似因，即是九句因中的第五句同品非有異品非有。在論文所舉的例中，「聲常」是宗，「所聞性故」是因。「常無常品」，謂常品與無常品，亦即指宗同品與宗異品。「皆離此因」，謂宗同品與宗異品兩者，都與因離絕，亦即宗同品與宗異品都不具有此因。如前曾述，此因之所以同品非有異品非有，出於宗同品與宗異品之除宗有法。聲音是世間唯一所聞的事物，此外的任何事物，都不是所聞的。而在立量當時，聲音雖是立者所認爲宗同品，却是敵者所認爲宗異品的，例須剔除於宗同品與宗異品之外。一經剔除，此外的常品與無常品，無不與所聞性離絕。「常無常外，餘非有故」，謂若以「常」爲分類標準，一切事物只可分爲常與無常二品，除此二品以外，更沒有既不是常又不無常的第三品。「餘」字卽指第三品而言。其所以不有第三品，亦如前述，「常」與「無常」，是兩個矛盾觀念，世間一切盡爲所攝，無有能軼出其範圍以外的。「其猶何等」，意卽沒有同喩依。同喩依上，依例用一個「如」字或「猶」字。今同品非有，便不能有宗同品兼因同品的事物，自無從覓得可於其上加一「猶」字以作同喩依的。此因是異品非有，自此一點看來，似乎可以返顯所聞的都是常的。但同時又是同品非有，自此一點看來，不但不能順成聲音之爲常，且令人懷疑聲音之可能爲無常。故此因之所以成似，起於同品定有性的未能完成。此因既無力證明聲音之有常住性，亦無力證明聲音之有無常性，故稱爲不定因，論文又稱之爲猶預因。不共，是不定的原因。此云不共，非謂宗同品與宗異品不共有同一的因，而是說宗同品與宗異品共不有立者所舉的因。

同品一分轉異品徧轉者，如說聲非勤勇無間所發，無常性故。此中非勤勇無間所發宗，以電空等爲其同品。此無常性，於電等有，於空等無。非勤勇無間所發宗，以瓶等爲異品，於彼徧有。此因以電瓶等爲同品，故亦是不定。爲如瓶等無常性故，彼是勤勇無間所發，爲如電等無常性故，彼非勤勇無間所發。

此是第三大段中的第四段，釋第三種不定因。因明學家把過名中的「同品一分轉」縮減爲「同分」，把「異品徧轉」縮減爲「異全」，簡稱此過爲同分異全。此因卽是九句因中的第七句同品有非有異品有，是因第三相異品徧無性未能完成所引起的過失。如論所舉，「聲非勤勇無間所發」是宗，「無常性故」是因。「非勤勇無間所發」是所立法，電與空不是勤勇無間所發，故是宗同品。電是無常的，空是常住的。能立法「無常性」，於一部分宗同品的電上依轉，於另一部分宗同品的空上不依轉，故成同品有非有。瓶等是勤勇無間所發的，故是宗異品。而瓶等莫不是無常的，能立法「無常性」於宗異品徧轉，故成異品有。「此因以電瓶等爲同品」，意卽就因而論，電與瓶都是無常的，故都是因同品。因同品之中，有是宗異品的，有是宗同品的。瓶是因同品兼宗異品，若以此爲準，則聲音因其與瓶同屬無常，應當亦是勤勇無間所發，不是如宗所說的非勤勇無間所發。但電是因同品兼宗同品。若以此爲準，則聲音因其與電同屬無常，又應當不是勤勇無間所發，如宗所說。「無常性」因，既不能證明聲音之爲勤勇無間所發，亦不能證明聲音之爲非勤勇無間所發，故是不定因。

異品一分轉同品徧轉者，如立宗言：聲是勤勇無間所發，無常性故。勤勇無間所發宗，以瓶等爲同品，其無常性，於此徧有。以電空等爲異品，於彼一分電等是有，空等是無。是故如前，亦爲不定。

此是第三大段的第五段，釋第四種不定因。因明學家亦把此過名中的「異品一分轉」縮減爲「異分」，把「同品徧轉」縮減爲「同全」，簡稱爲同全異分。此因即是九句因中的第三句同品有異品有非有，亦是因第三相異品徧無性未能完成所引起的過失。論文所舉的例，以「聲是勤勇無間所發」爲宗，與前過中所舉的宗相反，以「無常性故」爲因，猶是前過中所用的因。於是前過中的宗異品翻爲宗同品，其宗同品翻爲宗異品，其因同品則仍爲因同品。瓶等是勤勇無間所發的，是宗同品，盡爲「無常性」所依轉，亦即盡有無常性。電與空不是勤勇無間所發的，是宗異品，而「無常性」爲一部分宗異品電等所有，爲另一部分宗異品的空等所無。因同品之中，有宗同品，亦有宗異品，於是「無常性」無力證明聲音之必爲勤勇無間所發或非勤勇無間所發。此因之所以成爲不定因，與前過中所說的道理相同，故論文說：「是故如前」。

俱品一分轉者，如說聲常，無質礙故。此中常宗，以虛空極微等爲同品。無質礙性，於虛空等有，於極微等無。以瓶樂等爲異品。於樂等有，於瓶等無。是故此因，以樂以空爲同法故，亦名不定。

此是第三大段的第六段，釋第五種不定因。過名中所云「俱品」，係指宗同品及宗異品而言。宗同品中，有一部分爲因所依轉，宗異品中，亦有一部分爲因所依轉，故稱俱品一分轉，有時亦稱同異俱分。此因卽是九句因中的第九句同品有非有異品有非有，其所以成過，亦出於因第三相異品徧無性的未能完成。論文所舉的例，以「聲是常」爲宗，以「無質礙故」爲因，是聲論對勝論所立的。「常」是所立法。虛空與極微，都是常住的，故都是宗同品。「無質礙性」，爲虛空等所有，爲極微等所無。故虛空等是因同品，極微等是因異品。瓶與樂，都是無常的，故都是宗異品。「無質礙性」，爲樂等所有，爲瓶等所無。故樂等爲因同品，瓶等爲因異品。「是故此因，以樂以空爲同法故」的同法，指因同品而言，謂此因有宗異品的樂爲其同品，又有宗同品的空爲其同品。今若以樂爲準，聲音同有無質礙性，應當同有無常性。又若以空爲準，聲音同有無質礙性，又應當同有常住性。聲音究竟是常住的還是無常的，實非此因所能確切證明，故此因是不定因。

相違決定者，如立宗言聲是無常，所作性故，譬如瓶等。有立聲常，所聞性故，譬如聲性。此二皆是猶預因故，俱名不定。

此是第三大段的第七段，釋第六種不定因。相違決定，有時簡稱違決。此過與九句因無關，於因的三相中並未缺少任何一相。立敵對諍時，立者所立的比量，因與喻俱正，以因的三相來衡量，確是一個無懈可擊的眞能立。敵者持有相反的意見，不甘屈服，但因爲立者所用的因，三相具足，無法就其比量本身施以破斥，乃另覓理由，照樣建立一個圓滿的比量以爲對抗。敵者所用的因，同樣三相具足，故立者亦無以難之。彼此勢均力敵，互不能破。於是兩個相反的宗，並肩成立，究竟那一個宗是，那一個宗非，莫由判定，成了僵持的局面。是非成了僵局，正智無從決定。立與敵所用的兩個因，各無力決定正智，所以各是不定因。相違決定這個名稱，應予分析解釋。相違，是就宗說的，即言立敵雙方所立的兩個宗，正相反對。決定，是就因說的，即言立敵雙方所用的兩個因，各是三相具足，在各該比量內都是決定因，確能證明其所欲證明的宗。合起來說，意即兩個相違的宗出於兩個決定的因，或兩因決定令兩宗相違。立者所立的比量，叫做前量或所違量，敵者用以對抗的比量，叫做後量或能違量。

論文所舉的所違量，以「聲是無常」爲宗，以「所作性故」爲因，以「瓶等」爲同喻依，是勝論對聲生論所立的比量。此一比量是因明所用的模範實例。所作性徧是有法「聲」的法，爲宗同品的無常品所定有，爲宗異品的常品所徧無。其具足三相，且爲立敵所共許。故「所作性故」一因，決定能成立「聲是無常」宗，敵者無可反擊。聲生論爲對抗計，乃作能違量云：「聲常，所聞性故，譬如聲性」。所聞性的徧是宗法，無可置疑。在通常的立敵之間，因爲聲音的範圍與所聞性的範圍，寬狹相等，故缺無因同品，不能完成同品定有性。不共不定中，曾引此因爲例。但在勝論與聲生論之間則不然，別有聲性爲其宗同品與因同品。所謂聲性，在勝論，指其第五句同異性而言，聲音是其第三句二十四德中的一德。同異性使聲音別於非聲音，故可稱聲性。聲生論於聲音之外，亦設有聲性，所以使聲音成爲聲音。兩家所說的聲性，雖不完全相同，但在承認其可聞與常住兩點上，則是相同的，故可取爲同喻依。「所聞性故」一因，亦是立敵共許其三相具足，決定能成立「聲是常」宗，勝論無可摘發其過失。所違量與能違量，各是因喻俱正，各有其堅強的證明力量，互不能推翻其相反的宗。不過其比量本身雖各無過可摘，既有相違的宗可以成立，則這兩個相違宗的正確性，各屬可疑，而這兩個因的證明力，遂亦同屬可疑，故論文謂「此二皆是猶預因」。立敵對諍的的結果，聲音究竟是常還是無常，依然無所決定，故相違決定亦歸入不定過類。於此有宜注意者，勝論與聲生論對諍，方有此相違決定。若佛教對聲生論立勝論所立的比量，聲生論不能立此能違量，因爲佛教不承認有聲性，「所聞性故」一因便有不共不定的過失，不能決定成立「聲常」宗。所以佛教與聲生論對諍時，「所作性故」是決定因，不是猶預因，是正因，不是似因，相違決定無從成立。前曾說過：只可說：正因必是三相具足，却不可倒過來說：三相具足必是正因。其所以不可倒說，正因爲容或可作相違決定。因雖三相具足了，若有作相違決定的可能，其因依然是似因，不能算是正因。

相違決定與似宗中的比量相違，有其相似處，但不相同，應予分別，不可混淆。相違決定所違量的宗與能違量的宗，兩正相反，比量相違的前宗與後宗，亦兩正相反。這是兩過的相似處。比量相違屬於宗過，相違決定屬於因過。這是兩過異點之一。比量相違所用以證明前宗與後宗的，是一個因，不是兩個不同的因，相違決定在所違量與能違量中所用以證宗的，是兩個不同的因，不是一個因。這是兩過異點之二。比量相違的宗，是前邪後正，相違決定的兩個宗，孰是孰非，未能決定，在未決以前，只能說是前後俱邪，不能說是一正一邪。這是兩過異點之三。

上述的相違決定，只限於勝論與聲生論之間，始可成立，概括言之，在某組立敵之間可作此一相違決定的，換一組立敵，未必可作同樣的相違決定，甚且不可能作任何相違決定。所以相違決定亦是成立於立敵關係上的。現在試問：離開立敵關係，專就一般是非而論，是否亦有作相違決定的可能？凡說明事實的比量，在本質上，是不可能作相違決定的。因爲事實的眞相只有一種，是可以決定的，不應當是猶預的。假若有人立量云：「甲姓王，是王某之子故，如其兄弟」。另一人作能違量云：「甲不姓王，出贅冠妻姓故，如其他王姓子之作贅婿者」。所違量與能違量，都是三相具足，其孰是孰非，似乎難於判斷，似乎可以成立相違決定。但事實上這二量的一是一非，是很明顯的。所違量所依據的，是一般的道理，能違量所依據的，是特殊的情形。特殊應比一般更受重視，在特殊與一般相牴觸時，應以特殊爲準。故對此二量，甚易判定，能違量是對的，所違量是不對的。不過在知識程度未能達到明確認識事實眞相的時期，可能疑彼疑此，無從決定。所以關於事實，縱有作相違決定的，亦只是貌似的相違決定，不是實質的相違決定。至於衡量價值的比量，在本質上是可以作相違決定的。因爲世間一切事物，都是有利有害的，有百利而無一害的與有百害而無一利的，可謂絕無，不過有利多害少與害多利少的分別而已。所以同此事物，從某一角度看，可以斷言其爲有利，從另一角度看，又可斷言其爲有害，兩個相反的結論可以並存。例如水與火，是人生一日所不可或缺，但亦能釀成水災與火災。從其爲人生所不可或缺一點看來，是有利的，從其能釀成災害一點看來，是有害的。在衡量價值時，確有作相違決定的必要。若只見其利，不見其害，事先可防的災害亦將疏於防範。若只見其害，不見其利，有用的事物亦且擱置不用而轉爲廢材。作了相違決定，使利與害顯露無遺，始得善用其利而預防其害。

勝論與聲生論間的相違決定，是事實的說明，不是價值的衡量，在本質上，其是非是可以判別的，不應是無從決定的。不過就所違量與能違量本身而論，因其各是因喩俱正的比量，難於判定其孰是孰非。因明學家對於相違決定，亦不願其終於不定，亦願於所違量與能違量之間判別其是非。二量本身既各無可判其爲非的缺點，只好另覓標準以資判別。因明學家所提供的標準有二：一爲教義，二爲現量。以教義爲標準時，所違量的宗與能違量的宗之中，某一宗違反教義，卽可判定其爲非，另一宗不違反教義，卽可判定其爲是。但此一標準，爲用不廣。依因明道理，標準必須立敵共許，方足令判決的是非確定而不可動搖，若不共許，必不能令立敵共同信服。故只有在信奉同一教義的立敵之間，此一標準纔能發揮判決的功效。若立敵不同奉此一教義，則依此一教義所判決的是非，必有一方不服，或且依據其自己所信奉的教義作相反的判決，以爲對抗，令是非仍滯留於無可決定的情況之中。以現量爲標準，則於相反的二宗之中，擇其與現量相違的判定其爲非，其不與現量相違的，則判定其爲是。現量所得，立敵大致相同，甚少有不共許的情形。因明又承認：現量的力量勝過比量，不論如何申述理由，只要違反現量，總是過失。故以現量爲標準，比諸教義，收效可以較宏。不過相違決定兩宗所說的道理，未必盡在現量所能認識的範圍以內，所以現量的判決力，亦不免有時而窮。

相違有四：謂法自相相違因，法差別相違因，有法自相相違因，有法差別相違因等。

此下是釋似因的第四大段。此是第四大段中的第一段，舉示相違因的種數及其名稱。

相違因共有四種：一爲法自相相違因，二爲法差別相違因，三爲有法自相相違因，四爲有法差別相違因。法，是宗中的後陳，有法，是宗中的前陳。自相，即是自性。自性與差別，如前釋宗依時所說，有三對意義：一爲局通對，二爲先後對，三爲言許對。此處所云自相與差別，是專就言許對講的。言，是言陳的略語，即是言語上所明說的，許，是意許的略語，即是意中所默許的。自相是言陳，差別是意許。但如此解釋，尚未足說明自相與差別的意義。自相與差別的分別，是建立在言陳與意許的比較上的。言陳與意許兩相一致的，纔是自相，言陳與意許不完全一致的，則爲差別。言語所以表示意義，故言陳與意許，本來應當是一致的。不過亦有言語，通常只指範圍較狹的甲種事物，但亦未嘗不可推廣範圍，令其兼攝通常所不攝的乙種事物，或且用以專指乙種事物。例如病字，通常是指身體上的疾病而言，道德上有缺陷，亦未嘗不可稱之爲病。設有某甲，消化不良，身體瘦弱，我說某甲有病。此一病字是用作通常的意義，指其身體上的疾病而言，言陳與意許相一致，可稱病字的自相。又設有某乙身體健康而行爲不端，我亦說某乙有病。此一病字是用作特殊意義，專指其道德上的疾病而言，依通行的用法，言陳與意許不甚切合，可稱病字的差別。但因明所云差別，尚有更深一層的意義。因明有一術語，叫做「二種差別」，玆爲設例，以資說明。有鬼論者相信：人死以後所遺下來的，有靈魂，有肉體。靈魂爲鬼，生活於冥間。無鬼論者不信有鬼，以爲人死後遺下來的，只有肉體。有鬼論者對無鬼論者立宗時，若用到鬼字，便是自有他無體，宗依不極成，宗體無從成立，又不甘加簡別語「我許」，改作自比量，以減低比量的力量。於是故意含混其辭，用敵者所能許的字眼，如「死後所遺」，代替敵者所不能許的「鬼」，欺朦敵者，以避免宗依不極成的過失。立者所用「死後所遺」一詞中，含有二種差別：一爲鬼，二爲屍。前者是敵者所不許，却正是立者立宗時意中所專指的，因明學家稱之爲樂許。後者是敵者所許的，雖亦爲立者所許，却不是立宗時所樂許的。此處所云差別，卽指「死後所遺」一詞所影射的「鬼」，概括言之，卽是立者用一個極成的名詞，掩護其意義上的不極成，以指立者所樂許而爲敵者所不許其實有的事物。故此云差別，不像局通對與先後對那樣之專指後陳。不但後陳可以有差別，前陳亦可以有差別。前陳或後陳中所用名詞，立者言中所陳與其意中所許，完全一致。不作他解的，是自相，在前陳中，稱有法自相，在後陳中，稱法自相。前陳或後陳中所用名詞，立者言中所陳與其意中所許，不完全一致，別有所指的，是差別，在前陳中，稱有法差別，在後陳中，稱法差別。相違因原只四種，而論文於列擧四種名稱後，末了用一個等字。這等字是內等，不是外等，只是總結以上四種，並非於四種外又別有所等。

似因第二類的不定因，除了相違決定以外，是因後二相的過失，此第三類的相違因，亦是因後二相的過失。但不定因於因後二相中只缺一相，或缺同品定有性，或缺異品徧無性。此相違因則同時雙缺二相，既缺同品定有性，又缺異品徧無性。同品定有，同時又異品徧無，方有成正因的可能。現在既不同品定有，又非異品徧無，恰與正因相反，故稱相違因。用了相違因，不但不能證明其所欲證明的宗，相反地，只能證明其正相反對的宗。故相違因、與正因相違的結果，反成了相違宗的正因。四種相違因中，前一種是很容易理解的，後三種則向來稱爲難解。

此中法自相相違因者，如說聲常，所作性故，或勤無間所發性故。此因唯於異品中有，是故相違。

此是第四大段中的第二段，釋第一種相違因。論文舉了兩個實例：一爲聲生論所立的「聲常，所作性故」，二爲聲顯論所立的「聲常，勤勇無間所發性故」。「此因唯於異品中有」，說明「所作性故」與「勤勇無間所發性故」這兩個因之所以成爲相違因。玆分釋如下。

第一例卽是九句因中的第四句同品非有異品有。在此例中，「常」是所立法，故凡具有常住性的事物，如虛空，是宗同品，凡不具有常住性的事物，如瓶等，是宗異品。虛空等宗同品，無一具有所作性，故同品非有。瓶等宗異品，無一不具有所作性，故異品有。論云：「此因唯於異品中有」，卽言「所作性故」一因，只爲宗異品瓶等所有而爲宗同品虛空等所無。正因所要求的，是同品定有及異品徧無，今此「所作性故」一因，正與正因所要求者相反，所以是相違因。此因不但不能證明其所欲證明的「聲常」宗，反可證明其所反對的「聲是無常」宗。敵者於此，可利用立者原用的因以作能違量云：「聲是無常，所作性故」。「無常」是所立法。於是在所違量中原屬宗異品的瓶等，在能違量中，翻爲宗同品，瓶等無一不具有所作性，遂成了同品徧有。在所違量中原屬宗同品的虛空等，在能違量中，翻爲宗異品，虛空等又無一具有所作性，遂成了異品徧無。故以「所作性故」證「聲是無常」，三相具足，恰好是九句因中的第二句正因。所以「所作性故」所能證明的，是「聲是無常」，不是「聲常」。「無常」與「常」，是自相相違，所以用「所作性故」爲因，欲以證明「聲常」宗，是法自相相違因。

第二例卽是九句因中的第六句同品非有異品有非有。此例亦以「常」爲所立法，故凡具有常住性的事物，如虛空等，是宗同品，凡不具有常住性的事物，如瓶、如電，是宗異品。虛空等無一具有勤勇無間所發性，故同品非有。瓶具有勤勇無間所發性，電不具有勤勇無間所發性，故異品有非有。此因亦與正因所要求者相反，故亦是相違因。敵者可卽此因以作能違量云：「聲是無常，勤勇無間所發性故」。所立法的「常」一經易爲「無常」，所違量中的宗異品便翻爲宗同品，異品有非有便轉爲同品有非有，其宗同品便翻爲宗異品，同品非有便轉爲異品非有，成了九句因中第八句的正因。「勤勇無間所發性故」一因所能證明的，是與「聲常」宗中法自相相違的「聲是無常」宗，故是法自相相違因。

相違因與比量相違不同。比量相違是宗過，其宗前邪後正，故立者所立的宗，一定是似宗。相違因是因過，立者所立的宗，不一定是似宗，可說前後二宗邪正不定。論文所舉的二例，其宗誠然都是似宗。但相違因之所以成爲相違，與宗的正似無關。卽使立者所立的宗是正宗，只要所用的因不能證明其宗，而反足以證明其相反的宗，便成相違因。假如有人立宗云：「聲是無常」，誤以「非所作性故」爲因，其宗雖正，其因是同品非有異品有，正是相違因。故以相違因作能違量，只能證明其因爲似因，不一定能推翻所違量的宗。

相違因與相違決定，亦不相同。在相違決定內，立敵所用的，是兩個不同的因，在相違因內，立敵所用的，是同一的因。又相違決定的宗，前後俱邪，相違因的宗，前後邪正不定。

法差別相違因者，如說眼等必爲他用，積聚性故，如臥具等。此因如能成立眼等必爲他用，如是亦能成立所立法差別相違積聚他用，諸臥具等爲積聚他所受用故。

此是第四大段中的第三段，釋第二種相違因。此過與前過相同，亦起因於因後二相的同時缺無，所不同的，前過所違的，是所違宗的法自相，此過所違的，是所違宗的法差別。論文所舉的例，是數論師對佛弟子所立的。「眼等必爲他用」是宗，「積聚性故」是因，

「如臥具等」是同喻依。數論分世間一切爲二十五諦，復併爲三大類：一爲自性，二爲中間二十三諦，三爲神我。自性爲了供神我的受用，使中間的二十三諦時常轉變。眼睛是二十三諦中五知根的一根。「眼等」的等字是外等，等取眼睛以外的其餘四知根。「必爲他用」的他字，數論的眞意，係指神我而言，意謂眼等必爲神我所受用，或謂神我受用眼等。但敵者佛弟子只許有假我，不許有神我，神我是自有他無體。故數論若明說：神我受用眼等，則有所別不極成的宗過，若說：眼等必爲神我所受用，則有能別不極成的宗過。數論爲了避免這些宗過，乃故意含混其辭，用一個敵者所同許的「他」字來代替，以期欺朦敵者。所以這個「他」字之中，含有二種差別：一指神我，二指假我。神我是敵者所不許而是立者立宗當時所樂許的。假我是立敵雙方共許的，却是立者立宗當時所不樂許的。立者立量的本意，是要證明眼等爲神我所受用，不是要證明眼等爲假我所受用。所以數論此宗，在言陳上，雖沒有宗依不極成的過失，但若探索其意中所許，則宗依實在是不極成的。立敵所諍的，不是所立法言陳上的意義，而是所立法意許中的意義，亦卽不是法自相，而是法差別。敵者於此，本可追問立者，宗中所用他字究屬何義，逼其明白說出，不任其隱藏，卽足以暴露其宗依的過失而令其宗體不能成立。現在說似因，故雖明知其宗有過，姑且不加追究，只說明其所用的因反足以證明與其法差別相違的宗。「積聚性故」中所云「積聚」，是許多極微集合而成的意思。眼睛是許多極微集合而成的，故有積聚性。敵者卽用此因作能違量，以證明其因應是法差別相違因。

敵者所作的能違量，以「眼等爲積聚他用」爲宗，因喻仍用所違量中的因與喻，不加變動。宗中所云「積聚他」，係指假我而言。敵者就所違宗中所用的他字，探索其二種差別，分爲不積聚他與積聚他。積聚二字，亦是許多極微所集合而成的意思。神我不是極微所集合而成的，故稱不積聚他，假我是極微所集合而成的，故稱積聚他。數論在所違量中，樂許不積聚他，不樂許積聚他。因爲眼等之爲積聚他用，亦是敵者佛弟子所許，用不到立，眼等之爲不積聚他用，是敵者佛弟子所不許，方有立宗對諍的必要。今敵者佛弟子探知立者數論意中所許的是不積聚他，而積聚他正與不積聚他相反，卽論文所稱「所立法差別相違」，遂用「積聚他用」爲能違宗的所立法。「此因如能成立眼等必爲他用，如是亦能成立所立法差別相違積聚他用」，謂用「積聚性故」以證言陳上的「必爲他用」，若果三相具足而是正因，則用以證「眼等必爲積聚他用」，亦必三相具足而是正因。「諸臥具等爲積聚他所受用故」，則更進一層以說明其得爲正因的理由。「積聚性故」既爲所立法差別相違宗的正因，則對於所違量的意許宗而言，其爲相違因，當無可置疑了。

「積聚性故」一因，在所違量中之所以成爲過失，亦出於因後二相之兩皆未能完成。立者數論用「爲他用」作所立法，以掩護其意許中的「爲不積聚他用」，意在冒充共比量，期於能立之外，兼具能破的功用。今若撤除其掩護體，令其所意許的顯諸言陳，則其宗應作「眼等必爲不積聚他用」。在此宗中，其所立法是自有他無義，不能有共同品。既無共同品，便無從完成共許的同品定有性。喻依中所舉的臥具，數論亦許其爲積聚他所受用，轉成宗異品。而臥具是積聚的，於是異品徧無性亦無由完成了。就能違量而言，臥具是積聚他所受用的，故是宗同品，又是積聚的，故又是因同品。既有宗同品兼因同品的事物，同品定有性便完成了。世間實有的事物，莫不爲積聚他所受用，只有兩俱無體，如龜毛，方是宗異品。兩俱無體不會具有積聚性，異品徧無性亦得由以完成了。所以此過一經將其意許顯爲言陳，便與前過完全相同，初無二致。不過其所違宗的邪正，則與前過不同。前過的所違宗，邪正不定，此過的所違宗，一定是邪。因爲此過所違的意許宗，顯爲言陳，必有能別不極成的過失，在共比量中，無法成爲眞宗。

有法自相相違因者，如說有性非實非德非業，有一實故，有德業故，如同異性。此因如能成遮實等，如是亦能成遮有性，俱決定故。

此是第四大段的第四段，釋第三種相違因。有法是宗中的所別，有法自相，即是所別之顯現於言陳上的。有法自相相違因，即言其因所負能證明的，應是與有法自相相違的宗。此過所說自相，雖用自相之名，實已含有差別之義。只因此種差別可與自相用同一名稱，故仍稱之爲自相。論中所舉的例，「有性非實，非德，非業」是宗，「有一實故，有德業故」是因，「如同異性」是同喻依。此一比量是複合的，可分析爲三個單純的比量：一爲「有性非實，有實故」，二爲「有性非德，有德故」，三爲「有性非業，有業故」，其同喻依則同爲「如同異性」。此一複合的比量，相傳係勝論始祖傷蹈對其繼承衣鉢的弟子五頂所立。傷蹈悟得六句義：一爲實，二爲德，三爲業，四爲有，五爲同異，六爲和合。有性所以使實德業三者實有而不無，同異性所以使實德業三者有同有異，和合性所以使實德業三者互相屬着。有性，同異性，和合性，各存於實德業以外，並非存於實德業之中，亦卽離開實德業以外，別有有性使其不無，別有同異性使其同異，別有和合性使其屬着。傷蹈向五頂傳道時，初說實德業三句，五頂都信從。說至第四句有性，五頂發生疑惑，以爲實德業三者能使自己實有，不必於實德業以外另設一個獨立的有性，纔能使實德業獲得存在。於是傷蹈便把有性問題暫時擱置，先說第五句同異性與第六句和合性，五頂亦都信從了。傷蹈乃又回到有性問題上，建立上述的比量，以證明其有性別存於實德業以外。這三個比量，作用相同，故此下只以「有性非實，有實故」一個比量爲例。在此比量中，「有性」是有法，是使實成爲有而不無的性能。在此一意義上，傷蹈與五頂，並無不同的意見。二人所見不同處，在於有性是否離實而別存。照傷蹈的意見，有性存於實外，別有其體，故其所說的有性，簡括言之，是離實的有性。五頂則以爲實的不無，就是有性，有性存於實中，並非別有其體，故其所說的有性，簡括言之，是卽實的有性。傷蹈立此比量後，五頂亦被其說服了。

新因明學家檢討鵂鶹的比量，發見其所用的因實犯了有法自相相違的過失。「此因如能成遮實等，如是亦能成遮有性，俱決定故」，此中所用等字，係外等，等取德與業，所用遮字，相當於否定的意思。其大意云：所用的因若能證明有性之非實而爲決定正因，則用以證明有性之非有性，亦應當是決定正因。鵂鶹所作比量，其宗有法「有性」，實含有二種差別：一爲離實有性，是立者所樂許而敵者所不許的，二爲卽實有性，是立者所不許而敵者所許的。立者若明說離實有性，便成所別不極成的似宗，爲了避免此一過失，乃用涵義較廣泛且爲敵者所同許的「有性」爲宗有法，以隱藏其意許中的離實有性。敵者於此，本亦可追問其有性一詞的眞義，以顯示其所別不極成的過失。但現在研討似因，故不在宗上追究，而僅在因上摘發其過失。且在宗上追究時，立者或將作遁辭，謂有法「有性」只是令實不無的有性，是你我所共許的。故敵者爲破除其朦混，唯有明白揭示：立者所用的因正足以證明有性之非立者所樂許的離實有性。敵者爲了揭示此一眞理，可作能違量云：「有性非有性，有實故，如同異性」。此一能違宗，乍看起來，直是自語相違，實則不然。因爲有法中所說的「有性」，是立敵共許的有性，是令實不無的有性，能別中所說的「有性」，是立者所獨許的有性，是離實的有性。故此能違宗的眞義，應當是：我們共許的有性不是你意許中的有性。有法與能別，在言陳上雖同用「有性」二字，其意義却大有分別，故此能違宗只是貌似的自語相違，並不是眞正的自語相違。此能違宗以「非有性」爲所立法，故凡不是有性的，如同異性，是宗同品。同異性能有於一一實，故同品定有。是有性的，纔是宗異品，世間事物，除有性外，沒有是有性的，故缺無宗異品。旣無宗異品，異品偏無性亦便由以完成了。故以「有實故」證「有性非有性」，三相具足，是決定的正因。此因能決定證明「有性非有性」，而所證明的恰與立者所意許的相違，故是相違因。有法與能別，在言陳上同用「有性」一名，姑以言陳爲準，故稱有法自相相違。能違宗的眞義是「有性非離實有性」。「離實有性」，在作能違量者看來，應當是他有自無義，故此能違量似乎是他比量，不是共比量。實則能違宗的所立法是「非離實有性」。「離實有性」雖是他有自無義，「非離實有性」却是兩俱有義，故此能違量不失爲共比量。

此過與前過，頗有不同。敵者於前過中，發見立者所用的因，適足以成立法差別的相違義，故其能違宗以所違宗的有法爲有法，而以所違宗的法差別的相違義爲能別。能違宗所違的與原立者的宗相應，不過把所違宗的意許顯諸言陳，有些微的變更而已。在此過中，敵者發見所違量所用的因，雖爲言陳有法所有，但不能依轉意許的有法，亦卽此因正足證明言陳的有法不應解作意許的有法，却應解作與原立者意許正相反的意義。敵者所認爲錯誤而欲施以攻擊的，是有法差別，不是能別。而欲攻擊有法差別，不能於有法攻擊之，必須令其轉入能別，方得收攻擊之效。故其能違宗不復能以所違宗的能別的相違義爲能別，只能以所違宗的有法差別的相違義爲能別了。於是能違宗的所違與原立者的宗，不能相應，所違宗的有法，依其自相與差別，分成能違宗的有法與能別，所違宗的能別不復見於能違宗之中。

有法差別相違因者，如卽此因，卽於前宗有法差別作有緣性，亦能成立與此相違作非有緣性，如遮實等，俱決定故。

此是第四大段中的第五段，釋第四相違因。前過雖名有法自相，實際上立者所欲主張的與敵者所施以破斥的，已經是有法差別，此過則更進一層，敵者探索立者意許中的意許，予以破斥。此過的所違量仍用前過的所違量，卽「有性非實，有一實故」。論文「如卽此因」，謂例如卽用「有一實故」那個因。「卽於前宗有法差別作有緣性」，謂於「有性非實」的有法「有性」中，不但意許其爲離實有性，且更進一步，意許其爲有緣性。離實有性，亦稱大有。有緣性，謂實等緣大有而始不無，大有能予實等以存在。有法「有性」，在前過中，已含有二種差別：一爲離實有性，二爲卽實有性。原立者樂許離實有性，亦卽樂許大有。故其意許中的有法，若顯諸言陳，應是「大有」。在此過中，大有又含有二種差別：一爲有緣性，二爲非有緣性。原立者所樂許的，是有緣性。若把此雙重差別合併顯諸言陳，所違宗的有法應是「大有有緣性」。敵者於此，可利用原立者所用的因，作能違量以破斥此雙重的意許。「亦能成立與此相違作非有緣性」，意卽用「有一實故」那個因，亦能證明有性之爲與原立者意許正相反的非有緣性。「如遮實等，俱決定故」，意卽用「有一實故」以證明有性的非有緣性，正與其證明「有性非實」有同樣決定性的功能。依論文所說，敵者所作的能違量，應如下式：「有性非大有有緣性，有一實故，如同異性」。其能違宗，亦如前過的能違宗，以所違宗的有法自相爲有法，以所違宗的有法差別爲能別。同異性非大有有緣性，故是宗同品，同異性能有於一一實，故同品定有。此宗除所違宗的有法差別外，缺無宗異品，故異品非有。以「有一實故」證「有性非大有有緣性」，三相具足，確是決定的正因。此因所能決定證明的，正與所違宗的有法差別相違，故對所違宗而言，是有法差別相違因。

已說似因，當說似喻。似同法喻有其五種：一能立法不成，二所立法不成，三俱不成，四無合，五倒合。似異法喻亦有五種：一所立不遣，二能立不遣，三俱不遣，四不離，五倒離。

此下釋似喻。此爲第一段，舉示似喻的種數及名稱。似喻分二大類：一爲似同法喻，二爲似異法喻。似同法喻又分五種：一爲能立法不成，二爲所立法不成，三爲俱不成，四爲無合，五爲倒合。前三種是同喻依的過失，後二種是同喻體的過失。不成，謂於同品上無所成就，卽是不有同品或不是同品的意思。似異法喩亦有五種：一爲所立不遣，二爲能立不遣，三爲俱不遣，四爲不離，五爲倒離。前三種是異喩依的過失，後二種是異喩體的過失。不遣，謂未把同品遣去，卽是不無同品或不非同品的意思。

能立法不成者，如說聲常，無質礙故，諸無質礙，見彼是常，猶如極微。然彼極微，所成立法常性是有，能成立法無質礙無，以彼極微質礙性故。

此釋似同法喩的第一種。能立法，卽是因中所說及的宗法，能立法不成，卽言未具有能立法，亦卽不是因同品。同法喩依應當是宗同兼因同品，現在只是宗同品而不是因同品，未能滿足同法喩依的條件，故成過失。論文所舉的例，是聲論對勝論所立的比量，「聲常」是宗，「無質礙故」是因，「諸無質礙，見彼是常」是同法喩體，「猶如極微」是同法喩依。例中雖舉及同法喩體，但其所欲揭示的，只是同法喩依的過失。「然彼極微」以下，說明同法喩依「極微」成過的理由。「所成立法常性是有」，謂極微具有所立法常住性，是宗同品，在此點上，合於同法喩依的條件，未有過失。「能成立法無質礙無，以彼極微質礙性故」，謂諸種極微，因爲莫不具有質礙性，所以不能具有能立法的無質礙性，不是因同品，在此點上，不合同法喩依的條件，遂成過失。

所立法不成者，謂說如覺。然一切覺，能成立法無質礙有，所成立法常住性無，以一切覺皆無常故。

此釋似同法喩的第二種。所立法不成，卽言不具有所立法，亦卽不是宗同品。同法喩依必須旣是宗同品，又是因同品，若只是因同品而不是宗同品，對於同法喩依的條件，未能全部滿足，亦成過失。論文於此過，只擧了同法喩依「如覺」，其宗與因則略而未說。觀其下文，可見其宗與因，仍是前過中所說的宗與因，以「聲常」爲宗，以「無質礙故」爲因。「覺」，相當於現代語的心理作用或意識作用。一切意識作用都是無質礙的，具有能立法，是因同品，就此點而論，足爲同法喩依。但一切意識作用都是無常的，不具有所立法，不是宗同品，就此點而論，不足爲同法喩依。

俱不成者，復有二種：有及非有。若言如瓶，有俱不成。若說如空，無俱不成。

此釋似同法喩的第三種。過名中的「俱」字，指能立法及所立法而言。故所謂俱不成者，卽言旣是能立法不成，又是所立法不成。同法喩依對於能立所立二法，有一不成，已是過失，現在兩皆不成，與同法喩依所須具備的條件完全相反，當然更不足爲同喩依了。

論文又分俱不成爲二種，省略言之，爲「有及非有」，詳細言之，爲有俱不成與無俱不成。此中所說的有字，是有體或兩俱有體的省略語，無字是無體的省略語，兼攝兩俱無體與隨一無體。故有俱不成，卽是有體的俱不成，謂所舉的同法喩依雖是有體，但不具有能立所立二法。無俱不成，卽是無體的俱不成，謂所舉同法喩依是兩俱無體或隨一無體，不能具有能立所立二法。論文所舉的例，仍承上文，其宗爲「聲常」，其因爲「無質礙故」。故瓶是兩俱有體，因其是無常的，故不具有所立法，又因其有質礙的，故不具有能立法。故以瓶爲同喩依，便成有俱不成。無空論是不承認虛空爲實有的學派，故在無空論看來，虛空是無體。若立者爲有空論者，對無空論者說此同法喩依，則虛空是隨一無體，若立者亦爲無空論者，則虛空是兩俱無體。無體不能具有任何性質，根本沒有常與無常或有質礙與無質礙之可言，故不會是常住的，亦不會是無質礙的。所以虛空是無俱不成。

無合者，謂於是處無有配合，但於瓶等雙現能立所立二法。如言於瓶見所作性及無常性。

此釋似同法喩的第四種。此過是同法喩體的過失。同法喩體的任務，在於聯合因同品與宗同品，以表示兩者間具有屬着不離的關係，以作證宗的普偏原理。有了這條普偏原理，纔使古因明的類比推理變成新因明的演繹推理。所以同法喩體，在比量中，有着非常重要的功用。「無合者，謂於是處無有配合」，卽言在喻支中沒有把因同品與宗同品聯合起來，亦卽沒有同法喻體。論文所舉的例，雖未明白說出其宗與因，但觀其所說，可見其襲用模範的實例，以「聲是無常」爲宗，以「所作性故」爲因。「但於瓶等雙現能立所立二法，如言於瓶見所作性及無常性」，卽言只舉同法喻依「瓶等」，以見其兼具能立法的所作性與所立法的無常性。所以無合，卽是只舉同法喻依，未舉同法喻體，以明示所作性與無常性之間具有屬着不離的關係。無合雖是過失，但這只是就比量的法式說的，至於實際立量時，省略同法喻體，可說是因明的通例。

倒合者，謂應說言：諸所作者皆是無常，而倒說言：諸無常者皆是所作。

此釋似同法喻的第五過。此過亦是同法喻體的過失。同法喻體的任務，在於順成，以能立法成所立法，故必須先因後宗，卽必須因同品居前，宗同品居後，以示因同品之後必有宗同品的隨逐。假使顚倒聯合，先宗後因，則成了因同品的隨逐宗同品，不復是宗同品的隨逐因同品，於是順成的結果，亦且變成以所立法成能立法，不復是以能立法成所立法了。成其所不欲成，不成其所欲成，故是過失。論文所說，仍以「聲是無常，所作性故」爲例。此一比量的同法喻體，依照先因後宗的規定，應作「諸所作者皆是無常」。必如此說，方能順成「聲是無常」宗。今若倒合，先宗後因，作「諸無常者皆是所作」，則其所順成的，將是「聲是所作」，不是「聲是無常」。聲之具有所作性，原是立敵所共許的，無待於證明。故倒合的結果，必有證所不必證而不證所待證的過失。

如是名似同法喻品。

此爲似同法喻的總結，謂如上所述的，叫做似同法喻品。品，是種類的意思。

似異法中，所立不遣者，且如有言：諸無常者見彼質礙，譬如極微。由於極微所成立法常性不遣，彼立極微是常住故。能成立法無質礙無。

此釋似異法喻的第一種。此過及下二過都是異法喻依的過失。過名中「所立」二字，是所立法的省略語。異法喻依必須是宗異品兼因異品，亦卽必須旣遣所立法又遣能立法。若不遣所立法，於異法喻依所應備的條件，未能全備，便成過失。論文舉例，只舉了異法喻，未舉其宗與因。依其所說推之，當是能立法不成中所引聲論對勝論所立的比量，以「聲常」爲宗，以「無質礙故」爲因，以「諸無常者見彼質礙」爲異法喻體，以「極微」爲異法喻依。「由於極微所成立法常性不遣，彼立極微是常住故」，謂立者聲論與敵者勝論都承認極微是常住的，故不遣常住性。「常住性」是所成立法，不遣常住性，卽是不遣所成立法。由於此故，遂成過失。「能成立法無質礙無」，謂極微是有質礙的，不具無質礙性，所以能成立法是遺了的。極微只遺能立法，未遺所立法，故不足爲異法喻依。

能立不遺者，謂說如業，但遺所立，不遺能立，彼說諸業無質礙故。

此釋似異法喻的第二種。過名中「能立」二字，是能立法的省略語。異法喻依必須是宗異品兼因異品，今若不遺能立法，則成了因同品，不是因異品，故成過失。論中所舉的例，係沿用前過中聲論對勝論所立的比量。業，是動作的意思。一切動作都是無常的，不具常住性，故遺所立。「彼說諸業無質礙故」，謂聲論與勝論都承認一切動作是無質礙的，具有能立法，故曰「不遺能立」。此一異法喻依只是宗異品而不是因異品，只滿足了異法喻依條件的一半，故是過失。

俱不遺者，對彼有論，說如虛空。由彼虛空不遺常性無質礙故，以說虛空是常性故，無質礙故。

此釋似異法喻的第三種。過名中的俱字，亦指所立與所能立二法而言。所以俱不遺是前二種過失的結合，其所用以爲異法喻依的，既不是宗異品，又不是因異品，與異法喻依所要求的，全不符合。論文仍以前二過中聲論所立的比量爲例，不過特別提明，敵者必須是有論，方成此過。有論是承認虛空爲實有的學派，亦即是有空論的意思。敵者若是無空論，則虛空是無體，不具有任何性能，一定既遣所立法，又遣能立法，正可爲合格的異法喻依。「以說虛空是常性故，無質礙故」，謂立者與敵者都承認虛空是具有常住性的，且亦具有無質礙性的。「由彼虛空不遣常性無質礙故」，謂虛空既是常住而無質礙的，故不遣常住性，亦不遣無質礙性，正因此故，遂成了俱不遣。俱不遣的喻依，既是宗同品，又是因同品，只足爲同法喻依，怎能以之充異法喻依！

不離者，謂說如瓶，見無常性有質礙性。

此釋似異法喻的第四種。此過與下一過，都是異法喻體的過失。論文仍沿用前三過中所用的實例。離，是異法喻體的主要作用，把宗異品與因同品分離隔絕，以示有宗異品處一定沒有因同品。論文以「謂說如瓶，見無常性有質礙性」說明不離的意義。瓶是異法喻依。「見無常性有質礙性」，意謂擧此異法喻依，令人看見其具有無常性與有質礙性。但如此擧示譬喻，只能令人看見無常性與有質礙性的聯合，不能令人看見無常性與無質礙性的離絕。所以只擧異法喻依，不能把離絕作用明白表示出來，必須擧示異法喻體，離絕作用方能顯露。由此可見：所謂不離者，卽是只說異法喻依，未說異法喻體。不離之所以成過，與無合之爲過失，其理相通。異法喩體原是用以輔助同法喩體，令同法喩體中所說的普偏原理益臻鞏固，亦卽藉反面的離絕以加強正面的屬着。所以沒有異法喩體，不免要減弱同法喩體的力量。不過不離之爲過失，亦是專就法式說的，實際立量時，亦與同法喩體同樣，儘可省略不說。

倒離者，謂如說言，諸質礙者皆是無常。

此釋似異法喩的第五種。論文仍以前四過中所說的比量爲實例。異法喩體必須先宗後因。故在此一比量中，其異法喩體應如論文在所立不遣中所說，作「諸無常者見彼質礙」。今顚倒說：「諸質礙者皆是無常」，與規定不符，故成過失。異法喩體的任務，在於返顯同法喩體，必先宗後因，始能返顯先因後宗的同法喩體。倒離的結果，其返顯所得，不是該比量所應具的同法喩體，返顯的作用亦將隨以湮沒了。

如是等似宗因喩言，非正能立。

此總結似能立。宗因喩三個部分，無一不正，纔能構成一個正能立。假使這三個部分中間，有一部分不正，如上面所擧的似宗似因或似喩，便不是正能立了。

* * *

論文於講畢能立及似能立以後，接下去卽講述自悟門的四義，初爲現量，次爲比量，再次爲似現量，末爲似比量。如前已述，因明悟他門所說，相當於理則學，是各宗各派所須遵守的推理準則，自悟門所說，相當於知識論，是佛教獨特的學理，不定爲他教所宗奉。本書之作，原是爲了令同學們約略了知印度方面的推理準則，非爲研究佛教的學理。八義之中，只有悟他門的四義合於此一目的，其自悟門的四義則否。故僅欲對於悟他門所說加以淺顯的註釋，至於自悟門所說，則不欲涉及。現在越過論文所說的自悟四義，即就悟他門的其餘二義加以淺釋。

* * *

復次，若正顯示能立過失，說名能破。謂初能立缺減過性，立宗過性，不成因性，不定因性，相違因性及喻過性。顯示此言開曉問者，故名能破。

此節釋能破，可分三段。「若正顯示能立過失，說名能破」，是第一段，擧示能破的功用與對象，以說明能破一名的意義。「正顯示」是能破的功用，用一正字，強調顯示之必須正確無誤。「能立過失」是能破的對象。能立一名，如前已述，因明用作兩種不同的意義。一爲八義中的能立，其能字對似字而言，指宗因喻三者聯合構成的比量整體。如「聲是無常，所作性故，譬如瓶等」，是一個能立。二爲比量中的能立，每一比量用因以成立宗，宗爲因所成立，故因是能立，宗是所立，其能字與所字相對。如卽前例而言，只有「所作性故」因支方稱能立。「能立過失」中的能立，指比量全體，非指因支。能立原是立得住站得穩的意思，但實際上的能立，亦有立不住站不穩而自以爲立得住站得穩的。故就實際而言，能立可以有眞有似，不盡是眞的。因明爲了明白分別起見，有時把能立只當做一個論式看待，其眞正立得住的，則冠以眞字，稱之爲眞能立，其非眞正立得住的，則冠以似字，稱之爲似能立。「能立過失」四字，應當解作一名，意卽能立之有過失的，亦卽指似能立而言。能破的對象，必是似能立。對方所立比量，若是眞能立，其宗因喩三支莫不合於規律所要求，不帶有絲毫瑕疵，便無破斥的可能。設或誤認其爲似能立，妄施破斥，違反論文所要求的「正顯示」，則必轉成似能破，不復能是眞能破了。

能破的方式，因明學家中有分爲二種的：一爲立量破，二爲顯過破。先說立量破。立量破，正如其名所示，破者建立一個比量以破斥敵者的主張。因明所奉爲正宗的共比量，都兼具能立與能破兩種功用，一方面用以立正，他方面亦用以破邪。共比量之所以兼具能破的功用，因爲依照因明所說，共比量的建立，不僅僅要闡發正理，並且要敵者了悟正理。敵者懷有邪見，或未明正理，纔有立量令其開悟的必要，否則是不必立量的。所以共比量旣是眞能立，亦是眞能破。例如佛教之所以對聲論立「聲是無常，所作性故，譬如瓶等」這個共比量，正因爲聲論懷有邪智，以爲聲音是常住的。「聲是無常」，卽在破斥聲音之爲常住。所以此一共比量，旣闡發了有關聲音的正智，亦破除了敵方所懷的邪智。他比量所發揮的，更是能破的功用。他比量的重心，在於以子之矛攻子之盾。敵者的思想體系中，有着彼此互相矛盾之處，即取其矛盾的此一端爲理由，以證明其彼一端的不能成立，反過來，亦可依據彼一端以破斥此一端，使敵者的整個思想體系發生動搖而不得不謀所以修正。自比量的構成分子，有些只是自極成而他不極成，故只有自衛的力量，不能發生能破的功用。

能破原不一定要立量，僅僅舉發其所犯某一過失，即可奏效。但有些因過，却非建立對抗的能違量，不足以明白顯示所違量的過失。不定因過中的相違決定，可取爲主要的一例。相違決定的所違量，如前已述，其因三相具足，其宗與喩亦均圓滿，故專就所違量本身而言，可謂無懈可擊，無過可顯。必待另立一個能違量，提出一個與所違量的因不同的因，且同樣三相具足，方足以顯示所違量所用的因只是一個猶豫因，不是一個決定因。論文在說相違決定時，舉有實例，不再贅述。餘如相違因中的後三相違因，亦須藉助於能違量的建立，方足以使其過失原形畢露，無從掩飾。如就法差別相違因而言，論中所舉「眼等必爲他用，積聚性故，如臥具等」實例，在言陳上，其因三相具足，無過可摘，必待探索其意所許的「他」實爲不積聚他，顯諸言陳，用以作能違量，方足以顯示其因適足成立與所違宗相反的宗，令其無從逃避相違因的過失。

次說顯過破。「顯過」即是論文所說「顯示能立過失」的省略語，應是一切能破所同負的任務。由此義言之，一切能破應當無一不是顯過破。立量破亦志在顯過，亦當爲顯過破的一類。故以顯過二字稱呼能破中的一類，且以之與立量破並列，實未見其妥當。此云顯過破，其實際意義爲僅僅摘發敵者所立比量中的某一過失而不另立比量。故如實言之，立量破是立量的顯過破，顯過破是不立量的顯過破。關於不立量的顯過破，在論文可以覓得實例，且可由以了悟其方式如何。論文說共不定因時，曾言：「如言聲常，所量性故。常無常品，皆共此因……爲如瓶等，所量性故，聲是無常。爲如空等，所量性故，聲是其常」。此中下半段所說，卽可取爲不立量顯過破的一個實例。在敵者用「所量性故」以證「聲常」的時候，卽向敵者指出：空等是所量而常住的，由此推之，固可謂聲音旣是所量，亦當常住，但瓶等雖亦是所量的，却是無常，由此推之，則亦可謂聲音旣是所量，亦當無常，以使敵者了悟「所量性故」之不定能證明其宗而犯有不定因的過失。循此方式，對於「聲非所聞」的主張，只須提醒主張者自身之能聞，以顯示其犯有現量相違的宗過。對於以「無質礙」爲因而以「極微」爲同喻依的比量，只須指出極微之非無質礙，以顯示其犯有能立法不成的喻過。

「謂初能立缺減過性，立宗過性，不成因性，不定因性，相違因性及喻過性」，是第二段，擧示能立過失的種類，亦卽擧示了能破對象的種類。「謂初能立缺減過性」，意卽說到能立的過失，首先應當擧出來的，是具有缺減性質的那一類過失。關於缺減過，論文從前未經說及，其性質如何，有加以說明的必要。前在說明同品異品的缺無時，曾經說過，因明術語中，有缺減與缺無兩個名稱。缺無與缺減，同屬應當明白說出而竟未能明白說出，其在言陳上的缺而不說，雖無不同，但其所以缺而不說，則有異。缺無，在缺字下用一無字，謂其缺是從無而來，意卽原屬無有，所以只好從缺。缺減，在缺字下用一減字，謂其缺是從減而來，意卽本非無有，只是略而不說。論文所說，是缺減過，不是缺無過，這是應當辨明的。

缺減只是略而不說，易於補足，缺無原屬無有，無從補充。由此言之，缺無之爲過失，當比缺減的過失嚴重得多。論文只舉較不嚴重的缺減過，而置較嚴重的缺無過於不問，其故如何?缺無係就能立的三支說的，三支之中，缺無任何一支，都成缺無過。缺無，設想所及，有兩種不同的情形。一種是眞似俱無的缺無，欲舉眞的，固因沒有而無可舉，縱欲舉似的，亦因沒有而無可舉。另一種是眞無似有的缺無，眞的雖因沒有而無可舉，似的則儘可隨便亂舉。第一種情形的缺無，實際是不會有的。因爲無所主張則已，若有所主張，則縱使是極端荒謬的，亦不會無所說，亦卽不會不提出一個宗。若有人追詢理由，亦會胡舉亂舉，以相周旋。眞的不易覓得，似的則俯拾卽是。所以在立敵對諍之際，只會有眞無似有的缺無，不會有眞似俱無的缺無。例如就宗而言，「聲非所聞」，犯有現量相違的過失，「聲是所聞」，犯有相符極成的過失，都不應建立。但若不計眞似，只求無所缺無，則儘可主張「聲是所聞」。此宗的有法與法，其範圍寬狹相等，本無眞的同品可舉，但若不計眞似，則儘可胡舉「呼喚叫喊」以爲宗同品。此宗既無眞的宗同品，自不能有正因，但若不計眞似，則又儘可胡舉「所量性故」或「無常性故」以爲因。眞似兩俱缺無，必不能有所說，既無所說，又何從施其破斥！故眞似俱無的缺無，不能成爲能破的對象，在研討能破的時候，自無須顧及。眞無似有的缺無，在實質上雖屬缺無，在言陳上則有所說而非缺無，纔成能破的對象。故研討能破時所須顧及的，只有此種缺無。此種缺無，其在宗者，則成似宗，其在因與喩者，則成似因似喩。故此種缺無的過失，應當分別納入宗過因過與喩過之中。論文既舉宗過等爲能破對象，自不應於宗過等以外再說缺無過了。缺減過則非似宗等所能包括，故有於宗過等以外另說缺減過的必要。

缺減即是省略。理則學的三段論法，任何一段都容許其省略，不過所省略的以一段爲限，不得多至二段。三段論法成自小詞中詞大詞三個名詞的結合，三個名詞各相結合一次，即成三段。省略一段而明舉二段，則這三個名詞至少各能出現一次，且至少各能結合一次，於是依據未經結合的名詞，可以推知所省略者之爲那一段。若省略二段，則三個名詞之中，只能有兩個名詞各出現一次，必有一個名詞得不到出現的機會，因而無從推知所省略者之究爲那兩段，遂亦無從判別該推理之是否正確。因明的三支作法，在根本道理上雖與三段論法相同，但其三支之中，有可以缺減的，有不可以缺減的，不像三段論法那樣任何一支都可缺減。玆依宗因喩的次第，說明其缺減之是否成爲過失。

宗支最不可缺減，一經缺減，整個能立便無由完成。結論的省略，在理則學看來，雖因其易啓誤解，不若省略大前提或小前提之可取，但亦在容許之列。故在主張「聲是無常」時，儘可只說：「一切所作的都是無常的，聲是所作的」。有了這樣兩個判斷，說出了三個名詞，且「所作」一詞已有兩次結合，便可由以推知其所省略的必是「聲」與「無常」兩詞所結合的判斷。再依三段論法的規則，又可推定：「聲是無常」應當是所省略的結論，否則便不合規則的要求。故在理則學上，結論是不妨省略的。在因明則不然。因明在此點上之所以不同於理則學，因其論式與理則學有異。其異處之足以影響宗支不得缺減的，計有二點：一爲宗支居於論式之首，二爲因支中只舉能立法，不舉有法。先說第一點。宗是首支，握有整個辯論應否進行的決定權。立宗而無過失，方須舉因與喻以證明其所說，方有進行辯論的必要。立宗若有過失，一經敵者指出，卽已失敗，便當默爾而息，不復當舉因與喻以進行辯論。例如對聲常論者立「聲是無常」宗，違他順自，纔可進行辯論，若對方亦屬聲無常論者，則此宗相符極成，辯論便應停止。故若減缺宗支，其主張的眞似無從顯現，其辯論的應否進行，亦必無從決定。宗支領導整個辯論，故不可以或缺。次說第二點，又可分兩層來說。因支中只舉有能立法，未兼舉有法，不像小前提那樣雙舉小詞與中詞。同喻體通常是略而不說的，卽使說出，其所舉及的，只是能立法與所立法，不會舉及有法。故若僅說因與喻而不把宗說出，則在言陳上僅能見到能立法與所立法之爲何事，無從了知有法之爲何事，因而無從了知所欲證明者之究爲何事的具有所立法。例如僅說：「所作性故，諸所作者皆是無常」，其所欲證明的，究爲「聲是無常」抑爲「瓶是無常」，聞者無由了悟。如此的能立，等於無所主張，勢不能收開悟之功。這是宗支不可缺減的第二點第一層理由。因的第一相爲徧是宗法，意即因中所舉的能立法徧是宗有法的法。今因中既未舉及有法，宗又缺減，則有法之究爲何事，無從知曉，因而能立法之是否徧是宗法，亦莫由確定。例如僅說「所作性故」而不說「聲是無常」，則「所作」之究爲何種有法的法，尙且無從推知，其徧是宗法與否，更無從判別了。故缺減宗支，其影響所及，勢且令因的第一相的完成受到阻礙。這是宗支不可缺減的第二點第二層理由。積此三因，缺減宗支，定是過失。

因支亦不可缺減。理則學上的小前提，是容許省略的，因爲有了大前提與結論，很容易推知小前提之應作何語而予以補足。例如有了「一切所作的都是無常的」那樣的大前提與「故聲是無常」那樣的結論，則其所省略的小前提必爲「聲是所作」而不會是他語。因明的因支，依此一道理而論，同樣亦可缺減。只要說出了宗支的「聲是無常」與同喻體的「諸所作者皆是無常」，則其因支之必爲「所作性故」，亦顯然可見。因支的缺減，當然要以同喻體的不缺減爲條件。設或同喻體亦同時減缺，則能立法不見於言陳，因支遂無由補足了。故因與同喻體，具有不能俱缺的關係。因明於此兩種缺減之間，寧許同喻體的缺滅，不許因支的缺減。因爲在因明看來，因與同喻體，其重要性有高下之別。因是比量的支柱，貫通宗喻，一方面固以證宗，他方面亦以證喻。因的後二相是歸納的作用，喻體是歸納的結果。結果的正確與否，出自作用的精密與否。只要因的後二相完成，喻體便可正確無誤。所以因明重視因支，甚於喻體。又因明每立一論，必須作一番歸納，以檢查其喻體的能否成立，不像理則學那樣，僅僅歸納一次，將其所得貯藏起來，於需用時取以爲前提。正因每一比量有作各別歸納的必要，故立宗以後，即須說因，以便敵者檢查其後二相是否具足。若不說因而逕說喻體，不免有武斷之嫌，無以使敵者信服。因明爲了增強論據的力量與提高開悟的功效，故採取寧缺喻體不缺因支的方式，於是因支的缺減便不能不成爲過失。

喻支中有可以缺減的部分，亦有不宜缺減的部分。試觀因明所用的模範實例，即可看出。在「聲是無常，所作性故，譬如瓶等」中，只舉了同喻依，既未舉同喻體，亦未舉異喻體與異喻依。其所未舉，即表示其可以缺減。現在試說其可以缺減與不可以缺減的理由。論文說喻過時，舉有無合與不離二過。無合即是同喻體的缺減，不離即是異喻體的缺減。但此所說，只謂此二部分是法式上所應有，非謂實際立量時所必備。先說同喻體的可以缺減。同喻體是能立法與所立法的結合。所以只要有宗支說出了所立法，又有因支說出了能立法，同喻體之應作何語，易於推知，易於補足。此在結構上看來，同喻體雖不見於言陳，不會有損於比量的建立。同喻體是因後二相所證明，所以只要因後二相完成，已意味着同喻體的已經成立。此在作用上看來，同喻體雖從缺減，亦無損於比量的建立。次說異喻體的可以缺減。異喻體返顯同喻體，故與同喻體可說是一理的兩面，同喻體就正面說，異喻體就反面說。正面的同喻體既可缺減，反面的異喻體自亦可隨以缺減。再次說同異喻依的可缺與不可缺。喻依是因後二相施行歸納時所用的資料。若無資料，便無從歸納。故因後二相苟能完成，已足徵所需資料之已具足。由此點說來，只要因後二相完成，喻依可與喻體同樣不再提及。但爲了使敵者易於了悟因後二相之確能完成，明提歸納資料以供參考，比諸敵者發生疑問而後提出，較爲得計。故喻依不宜缺減。同喻依與異喻依，同屬歸納資料，理應提則並提，缺則並缺。但實際上立量時，同喻依在所必舉，異喻依則有時舉及，有時不舉及，透露了同喻依的不可缺減與異喻依的不妨從缺。推原其故，因爲眞的同喻依，其缺無的可能性較大，至於眞的異喻依，因其可用無體的事物充數，故其缺無的可能性小而又小，幾於無有。缺無的可能性較大的，應當明白說出，以示其未嘗缺無。缺無的可能性幾於不存在的，沒有提示其不缺無的必要，故不妨缺減。

綜上所述，論文所云「能立缺減過性」，係專指缺宗缺因缺同喻依三者而言。遇有此種缺減，破者卽可據以施破。

「立宗過性」，卽是似宗九過。「不成因性」，卽是四種不成因。「不定因性」，卽是六種不定因。「相違因性」，即是四種相違因。「喻過性」，指似喻十過，但其中無合與不離，因爲同喻體與異喻體可以缺減，應自能破對象中予以剔除。這些過失的情形如何，前在說似能立時，都已說過，用不到再說。

「顯示此言，開曉問者，故名能破」。是第三段，總結本節，並以說明能破之所以得名。「顯示此言，開曉問者」，意卽把上文所說具有各種過失的言詞，明白指出，使對方了悟其過失所在而不敢固執。「開曉問者」，與論文說能立時所說的「開示諸有問者未了義故」對文，以示能立之旨在開悟敵者使其接受正智，能破之旨在開悟敵者使其放棄邪智，二者同有悟他的功用。前釋「諸有問者」，謂其指敵與證，尤其注重敵者。在能破時，施破者爲立爲自，原立論者轉而爲敵爲他。故此云「問者」，即指敵者而言。原立論者的建立比量，旨在開悟對方，雖不一定於立量以後詢問對方能否同意，未嘗沒有徵詢之意寓於其間，且前文既稱敵者爲「諸有問者」，遂因襲前文，亦稱敵者爲「問者」。「故名能破」，謂摘發過失的結果，破除了敵者的邪智，有此功用，故名爲能破。

若不實顯能立過言，名似能破。謂於圓滿能立，顯示缺減性言。於無過宗，有過宗言。於成就因，不成因言。於決定因，不定因言。於不相違因，相違因言。於無過喻，有過喻言。如是言說，名似能破，不能顯示他宗過失，彼無過故。

此節釋似能破，亦可分爲三段。「若不實顯能立過言，名似能破」，是第一段，舉示似能破之所以爲似，兼亦舉示了似能破的對象。「若不實顯能立過言」，正與能破的「若正顯示能立過失」相反，意卽能立本無過失而誤認其爲有過失，胡亂指摘，或能立雖有某種過失，不能於其有過失處攻擊，而反於其無過失處妄破。所以能破的對象，大體上是眞能立，但亦可能是似能立。眞能立的三支，莫不合於規則所要求，本屬無懈可擊，若竟妄施破斥，固成似能破。似能立雖有過可摘，但若過在宗支不在因支，而誤認其爲因過，或原屬不定因過而誤認其爲不成因過，亦成似能破。所以只要所指出的過失而非眞正的過失，便應歸入似能破。

似能破是不正當的能破，故其方式亦可有立量與顯過二種。其立量而未能顯示對方眞正過失的，可稱似立量破，其不立量而未能顯示對方眞正過失的，可稱似顯過破。例如遇有對方的比量，其宗因與喻都無過失可摘，乃妄想另建能違量，造成相違決定，以使對方的因轉成不定因。而所建的能違量，其自身犯有某種過失，不能成立，遂亦不能造成相違決定。如此的立量破，卽成似立量破。不另建立比量，僅就對方所立比量的某支，胡指其無過爲有過，則爲似顯過破。

「謂於圓滿能立，顯示缺減性言。於無過宗，有過宗言，於成就因，不成因言。於決定因，不定因言。於不相違因，相違因言。於無過喩，有過喩言」，是第二段，舉示似能破的種類。「於圓滿能立，顯示缺減性言」，謂對方的比量本屬三支俱備，未有缺減，乃強指其有缺減性而有所說，便成似能破的一種。於此有一問題：對方的比量未將同異喩體及異喩依明白說出，遂指責其犯了無合不離等過失——如此的指責，是眞能破還是似能破？自法式言之，因爲同喩體等是能立應有的部分，故此一指責，可說是眞能破。自實際辯論言之，同喩體等旣容許缺減，故此一指責，只可算是似能破。實際辯論時，宗與因不明白說出，足以阻遏辯論，故不可以缺減，同喩體等不明白說出，無妨於辯論的進行，故通常容許其缺減。故自實用觀點看來，指責通許的缺減爲不當缺減，責所不必責，只可歸入似能破。此下諸種似能破，其義甚明，無煩細說。「於無過宗，有過宗言」，謂對方所立的宗，本屬無過，硬說其有過。「於成就因，不成因言」，謂對方所用的因，本屬徧是宗法，強指其爲不成因。「於決定因，不定因言」，謂對方所用的因，原屬決定因，強指其爲不定因。「於不相違因，相違因言」，謂對方所用的因，原屬後二相具足，強指其爲相違因。「於無過喩，有過喩言」，謂原立量的喩體喩依，本屬正確，強指其爲不成不遣。

「如是言說，名似能破，以不能顯示他宗過失，彼無過故」，是第三段，總結本節，並說明其所以稱爲似能破之故。「如是言說，名似能破」，謂如上所舉的各種指責言詞，稱爲似能破。「以不能顯示他宗過失，彼無過故」，說明成似的原由，謂其所指責的，原不是過失，亦卽未能顯示眞正的過失，所以成似。「他宗」的宗字，不專指宗支，乃是宗奉的意思，故「他宗」云者，意卽對方所信奉的道理。

且止斯事。

本論所預定講述的事項，至此已講述完畢，故卽此宣告結束。

已宣少句義，爲始立方隅。其間理非理，妙辨於餘處。

此二十字是一首頌，因其居於論末，可稱末一頌，以與論首的初一頌相對。此中所云「理非理」，卽是眞與似的意思，亦卽指四眞四似而言。此頌是全論的結語，謂上來已經簡單講述了因明的義理，爲初學者建立了研究的範圍，但義理浩繁，眞似的辨別，在其他經論中，尚多美妙的闡發。

中華宗教叢書

因明入正理論悟他門淺釋

作　　者／陳大齊　著
主　　編／劉郁君
美術編輯／中華書局編輯部

出 版 者／中華書局
發 行 人／張敏君
行銷經理／王新君
地　　址／11494 臺北市內湖區舊宗路二段181巷8號5樓
客服專線／02-8797-8396　　傳　　真／02-8797-8909
網　　址／www.chunghwabook.com.tw
匯款帳號／華南商業銀行　西湖分行
179-10-002693-1　中華書局股份有限公司

法律顧問／安侯法律事務所
印刷公司／維中科技有限公司　海瑞印刷品有限公司
出版日期／2015年4月再版
版本備註／據1970年6月初版復刻重製
定　　價／NTD 320

國家圖書館出版品預行編目（CIP）資料

因明入正理論悟他門淺釋 / 陳大齊著. -- 再版.
-- 臺北市 : 中華書局, 2015.04
面；　公分. -- (中華宗教叢書)
ISBN 978-957-43-2340-1(平裝)

1.因明

222.14　　104005049

NO.C0003
ISBN 978-957-43-2340-1